授業のUD Books

# 通常学級のユニバーサルデザイン プランzero

## 気になる子の「周囲」にアプローチする学級づくり

阿部利彦［編著］
授業のユニバーサルデザイン研究会湘南支部［著］

東洋館出版社

# はじめに

教育にユニバーサルデザイン（ＵＤ）の視点を取り入れようとする取り組みが、全国で広がっています。それによって、「学び」につまずきがある子どもたちにも笑顔が増えつつあります。たくさんほめることも大切ですが、なにより授業中に「ぼくにもわかった」「私にもできた」という達成感を１つでも多く味わってもらうことが、子どもたちの自己肯定感にむすびついていくのです。

子どもたちの笑顔のために、これからＵＤを実践していこうと考えている先生方や学校に向けて、私たち授業のユニバーサルデザイン研究会湘南支部が思いと力を結集させて作り上げたのが本書です。この本で私たちが焦点化しようと試みたのは、次の３つのことでした。

第一に、「教育のＵＤ」をＵＤ化しよう、という取り組みです。ＵＤ化された授業が「すばらしい授業」であっても、もしそれが力量のある先生の達人技にとどまり、他の先生がどこをどう真似し、取り入れたらいいのかが「見える化」されていなかったとしたら、それはＵＤと呼ぶことはできないと考えたからです。

第二には、教育の中でもとくに「人的環境のＵＤ」を取り上げることにチャレンジしたことです。発達が気になる子の在籍クラスで、その子の失敗を笑ったり、責めたり、行動を急かしたりする雰囲気があったなら、クラスの学びは深まりません。わからないことや、できないことが許されないクラスの子どもたちは「教室はまちがうところだ」とは思えず、発言や意見交換をためらうことになります。その結果、授業は特定の子どものペースで展開し、おいていかれる子どもが増えてしまいます。いい授業をするためには、子どもたちの心の土台作りが必要なのです。

第三には、研究者と現場の先生方との支援の共有、そして個の支援と学級全体への支援の両輪のバランスを重視したことです。これら両輪のバランスがとれて初めて、インクルーシブ教育というものが前進するのだと我々は考えています。

また、本書の特色として、クラスを構成している人的環境に目を向け、発達が気になる子だけでなく、その周りにいる子どもたち（模倣犯タイプ・天敵タイプ・〝影〟の司令塔タイプ・ギャラリータイプ）の双方について対応法をまとめています。

このような、気になる子を気にし過ぎる子への支援を、メインで取り上げた書籍は少ないと思いますので、そういう子どもたちの対応に苦戦している現場の先生方にとって、有用な支援のヒントとなってくれるものと自負しています。

さらに本書では、配慮を要する子どもたちや、やんちゃな子たち、心が育っていない子どもたちが多くいるクラス、言うなればワイルドなクラスを念頭においたＵＤ化を紹介し、即実践できるようにした点が特徴的だと言えます。

　家庭から手厚く保護され、恵まれた学習環境の子どもたちが多いクラスと、生活に追われ不安定な家庭背景を持つ子どもたちが多いクラスでは、目指すＵＤ化の形はおのずと異なるでしょう。研究授業でしか見られないような理想的な授業を追究するのではなく、本書はもっと身近な、現場に即したものでありたいと考えました。やんちゃな、ワイルドな子どもたちに日々向き合って、一生懸命奮闘されている先生方にぜひ役立てていただきたいと思います。

　まずは本書でご紹介した取り組みから始めていただきたいのです。そうすれば、教科授業の工夫や気になる子への支援はより確かに子どもたちに響いてくれることでしょう。ここを出発点に……「プラン　Ｚｅｒｏ」のタイトルに込めた思いです。

　教育のＵＤは、地域や学校によって三者三様、答えは１つではありません。本書を叩き台にして、読者の先生方にそれぞれ新たなワイルドＵＤを作り上げていただければ幸いです。

星槎大学　共生科学部　准教授
授業のユニバーサルデザイン研究会湘南支部顧問
阿部　利彦

# 目次　通常学級のユニバーサルデザイン　プランZero

# 第1章

# クラスの「気になる子」だけを気にしていませんか？

## ―周囲が変わればその子も変わる

# 1　教育的ニーズの多様化と教育のデザイン

２０１２年12月に文部科学省は、通常学級において何らかの特別な配慮を要する児童生徒は在籍数の６．５％であると発表しました。通常学級においては、多様な学力の子どもや典型的発達の子どもと学び方が異なる（learning differences）子どもが在籍しており、教育的ニーズの多様化がさらに顕著になってきています。

２００６年から実施された特別支援教育の取り組みでは、発達障がいのある児童生徒を中心とした通常の学級での実践を通して、結果的にそれが他の児童生徒にも有効であるという指摘が多くみられるようになってきています。

すなわち、特別支援教育の視点を踏まえた授業作り・学級作りは、何らかの学習上および生活上の困難がみられる子どもにも、さらには典型的発達の子どもに対してもよい結果をもたらすと考えられるのです。

近年では、教育研究機関や学校現場等において「通常学級における教育のユニバーサルデザイン」についての研究や実践が盛んに行われるようになってきています。

共生社会の実現に向けて、さまざまな教育的ニーズを持った子どもたちが共に学び合えるような場をデザインしていくことが求められている今、教育現場で「教育のユニバーサルデザイン化」を進めていくことは大変意義深いことであると私は考えています。

## 2　教育における「ユニバーサルデザイン」

「ユニバーサルデザイン」とは、１９８５年にアメリカノースカロライナ州立大学のロナルド・メイス氏が提唱した考え方です。使う人に必要な情報がすぐわかる、使い方が簡単にわかる、少ない力で効率的に使えるなど、あらゆる人にとって使いやすいデザインのことを言います。

「バリアフリー」が障がいのある人の困難を解消するための考え方であるのに対し、「ユニバーサルデザイン」は障がいのあるなしにかかわらずあらゆる人にとって使いやすい、という考え方である点で異なります。また、それまでは「作り手の考え」に視点が置かれていましたが、ユニバーサルデザインでは「使う人の側に立ってデザインする」という発想に変わっています。

これを教育にあてはめるなら、教育のユニバーサルデザインは「学ぶ側の立場に立った」ものでなくてはなりません。この考え方を基に、私は教育におけるユニバーサルデザインをこうとらえ直してみました。

**教育におけるユニバーサルデザインとは、〝「より多く」の子どもたちにとって、わかりやすく、学びやすく配慮された教育のデザイン〟である**

（阿部利彦）

私はこれまで「特別でない特別支援教育」を目指して、現場の先生方と一緒に支援のデザインを考えてきました。そして、学びにつまずきがある子を支える教育とは、より多くの子どもたちが「ぼくにもできた、わたしにもわかった」と実感し、ワクワクしながら楽しく学べるような教育の場を作ることだ、と考えるようになりました。

学びにつまずきがある子がいきいき学べる場は、その周りにいる子どもたちをも支える、まさに共に生き共に育つ「共生共育」のためのユニバーサルデザインであると言えるでしょう。

## 3　子どもを支える3つの柱

「共生共育」を目指すユニバーサルデザイン化は、以下の3つの柱から成ると考えられます。

・個別に特別なことをする前にまず、クラスの子どもたち全体にとって「よりわかりやすい」授業を目指すこと（授業のユニバーサルデザイン化）
・集中できる教室環境を工夫すること（教室環境のユニバーサルデザイン化）
・子ども同士が「支え合う・学び合う」クラス環境を育てること（人的環境のユニバーサルデザイン化）

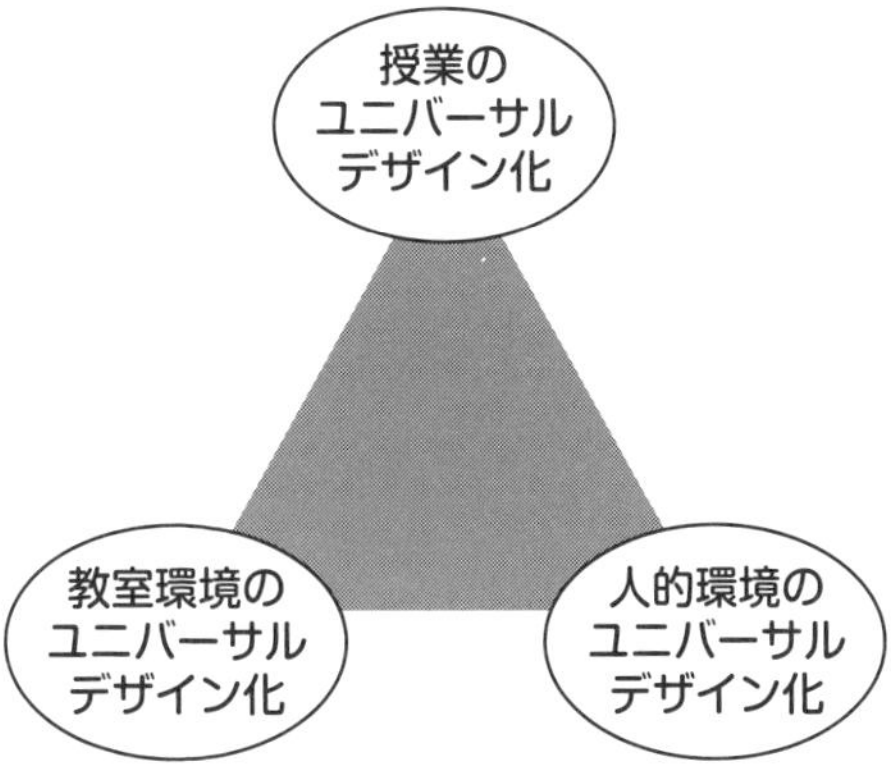


**教育のユニバーサルデザイン**
**３つの柱**

## （1）授業のユニバーサルデザイン化

ユニバーサルデザイン化された授業というのは、わくわくさせたり興味を抱かせたりする要素が盛り込まれた、子どもたちが自然に乗れる授業だと言えます。このような点を追究されている先生方の授業を多く観察・分析していくうちに、その授業には以下の5つの特徴がみられることに気づきました。

**ユニバーサルデザイン化された授業の5つの特徴**

・視覚化を工夫し、子どもを「ひきつける」授業
・子どもと学びを「むすびつける」「つなげる」授業
・焦点化し「方向づける」授業
・理解を「そろえる」授業
・「わかった」「できた」と実感させる授業

（阿部利彦）

ユニバーサルデザイン化された授業では、先生は目の前の子どもの反応を見ながら、理解度に

合わせて、声掛け、教え方、時に当日の授業の内容さえもいさぎよく変えてしまいます。

例えば、授業の冒頭で子どもたちの基礎的な理解が不十分だなと察知した時点で、たとえ自分が資料を準備してきたとしてもそれをリセットして、じゃあ今日は前に勉強したことのおさらいからやろうか、という具合に変更してしまうのです。なかなかできないことですが、それこそが「学ぶ側の立場に立った授業」であると言えるでしょう。

ただ、全ての子が「わかる・できる」授業を検討していくなかで、いくら工夫しても授業に乗れない子が出てくる場合も当然あるでしょう。その際には、もちろん個別の目標に応じた配慮が必要になります。授業のユニバーサルデザイン化というのはあくまで基礎的環境整備（教育の土台作り）であり、その上で細やかな配慮を行っていくことが欠かせないのです。

## ⑵ 教室環境のユニバーサルデザイン化

教室環境というのは、さまざまなルールのある空間です。教室内の掲示物などを工夫することによって、特定の子だけでなく、周りの子どもたち皆が快適に過ごせるような環境を作ることができます。また、今までは視覚化されてこなかった、学校での当たり前の「暗黙のルール」を明記して目に見えるものにし、子どもたちに確認・浸透させることで、さらには、子どもたちがそれぞれの「いいところ」を発揮できる環境作りを目指します。

教室環境のユニバーサルデザイン化のポイント

・ルールのある空間で、皆が快適に生活するための環境を作る
・暗黙のルールなど、目に見えないものを見えるようにする（視覚化）
・子どもの「いいところ」が発揮されやすい環境を作る

（阿部利彦）

これらは、20年程前、私が就労支援に携わっていた頃から考えてきたことです。どの職場にも暗黙のルールとでも言うべきものがあるものです。しかし、自閉症スペクトラム傾向の方などは、そういうルールを働きながら自然と身につけることができにくいのです。当たり前の、あるいはすでに知っているはずのルールを視覚化する支援によって、就労がスムーズに進むということを実感しました。このことは、学校場面でも同じようにあてはめることができるのです。

## （3）人的環境のユニバーサルデザイン化

人的環境のユニバーサルデザイン化というのは、子どもたちの心にアプローチしてクラスの雰囲気をやわらかくし、子どもたちが学び合うための環境や関係作りをしていくことです。人的環

境を整えることによって、誰かの間違いを冷やかしたり、失敗を笑ったり、からかったり、という場面をなくし、誰もが「わからない」ことに正直になれる場を作っていくわけです。

「教室はまちがうところ」であり「みんなちがってみんないい」という思いを共有できる、そんな人的環境を整えるためには、工夫がなされたソーシャルスキルトレーニングが重要な役割を果たすと私は考えています。

**学級で育成したい６つのソーシャルスキル**

①あいさつに関するスキル
②自己認知スキル
③相互理解のための言葉・表現スキル
④相互理解やセルフコントロールのための気持ち認知スキル
⑤セルフマネジメントスキル
⑥コミュニケーションスキル

（日本標準 U-SST ソーシャルスキルワーク）

クラス全体の社会性を高めることにより、自然に子どもたちが支えあい、育ち合う雰囲気ができきあがってきます。そして、クラスがまとまっていくのに添って、子どもも共に成長していくのです。教室が、まさに「共生共育」実現の場となるのです。

## 4　個別のかかわりを見直そう

皆さんの教室にも何人かの「気になる子」がいると思います。もちろん支援の原則は、目の前にいるその子をよく見て、その子に合わせた支援を検討し行っていくことなのですが、一方で、一貫性のないその場しのぎの取り組みや逆効果の対応をしてしまわないためには、子どもの傾向を類型的にとらえることもまた必要でしょう。その視点は、授業だけでなくもちろん学級経営にも活かすことができます。

本書では、「気になる子」たちを3つのスタイルでとらえています。ですが、教室の「気になる子」すべてに発達障がいの疑いがあるわけではないことを最初にお断りしておきます。ただ、これらは「全般的な知的発達に遅れはない」タイプの障がいであるため、通常学級に「気になる子」として在籍しているケースが多いのです。

ここでは、その子に発達障がいの診断がつくか否かを問題にしているのではなく、行動にみられる特徴からより深い理解と効果的な対応を探るのがねらいです。その子のスタイルがわかってくると、かかわり方やサポートの仕方が見えてくるからです。また、この3つのスタイルは必ずしも別個のものではなく、複数の特徴がみられるケースもよくあることも付け加えておきます。

## ①ADHDスタイルの子

### ・注意力・集中力に課題

ＡＤＨＤ（注意欠陥多動性障害、あるいは注意欠如多動症）タイプの子には、注意の持続時間が短い、幅が狭いといった「アテンション・スパン」の課題があります。また、一つのことに集中できず、遊びが次々移ったり、勉強中に他のことに気をとられたり、人の話をじっくり聞けなかったりします。このように注意が移りやすい特徴を「注意の転導性が高い」といいます。

さらに、注意を適切に向けられない、切り替えられない、という傾向もみられます。自分の興味のあることには没頭できるのですが、「過集中」といって、集中しすぎて生活の折り合いをつけにくいきらいがあります。

### ・いろいろな「多動」

小さい頃ですと、じっと座っていられない、待てない、静かにしなければならない場所でも騒ぐ、走り回る、という多動がよくみられ、「落ち着きがない」「乱暴だ」などと思われがちです。

大きくなってくると多動はおさまる傾向にありますが、「非移動性多動」の特徴がみられることもあります。非移動性多動とは、座ってはいても、貧乏ゆすりをしたり、手いたずらをしたりしていて、主たる活動に集中できていない状態です。教室では、授業中に消しゴムのカスをこねていたり、ペンをいじったり、ハサミでノートの端を切ったり、という「手の多動」と言えるような行動をよくみかけます。

また、「手の多動」だけではなく、おしゃべりが止まらない、指名されていないのにどんどん答えを口に出す、といった「口の多動」もあるようです。

・**衝動性**

あまり考えずに即行動に移してしまう子が多いです。例えば「ハサミ貸して」と言うなり、友だちの許可も聞かずにもうハサミを手にして使っている、といった具合です。目に留まったものをよく確認もせず触ってしまったり、許可を得ずに使ってしまったり、ときには壊してしまったりしてトラブルになる場合があります。後で落ち着いて反省してみると後悔の念を示すのですが、その時はとっさに止めることができないのです。

### ・チャレンジしたくなる性分

また、どうも「ルールにチャレンジしたくなる」性分の子が多いようで、「立ち入り禁止」とか「○○をしてはいけません」と言われたりすると、あえてやってみたくなる、挑戦したい気持ちがむくむくと湧いてくるという傾向があるようです。ですから、「しつけが悪い」「がまんが足りない」「わがまま」などと思われてしまいがちです。

## ●「元気印、エネルギー満載の子」ととらえてみよう

ＡＤＨＤスタイルの子たちはいつも元気に動き回っていることが多く、活発な印象です。エネルギッシュで、愛嬌があり、人なつっこく、子どもらしい子どもたちです。

いろいろなことに関心があり、チャレンジし、まわりを明るくしてくれます。クラスのムードメーカーになってくれることもあります。昔でいうとガキ大将や、やんちゃ姫といったタイプでしょうか。

ＡＤＨＤスタイルの子どもたちはいつも元気一杯、エネルギーに満ちあふれている子と考えることができます。

## ●ADHDスタイルの子への対応

### ・エネルギーのコントロール方法を模索する

彼ら自身の内なる、ありあまるエネルギーとどう付き合うか、どう折り合いをつけるか、を子どもと一緒に考えることが大切だと思います。一方的に「がまんしなさい！」「座っていなさい！」などの命令は、よい効果を生みません。なぜなら彼らは前述したようにルールを押しつけられると、挑戦的になってかえって逆らおうとする傾向が強いからです。その子のチャレンジを応援する、一緒にアイデアを出し合う関係を作ることが重要になってきます。

ＡＤＨＤスタイルの子の「いいところ」には、「ひらめき」があります。彼らは私たちが考えつかないようなユニークなアイデアを思いつくことが多いので、それをベースに「もう少し長く座っているためにはどうするか」「がまんするために必要なものは何か」を話し合っていくことができるのです。

またＡＤＨＤスタイルの子は、大好きな人や、尊敬する大人と出会うと、その人に認められたい、ほめられたい、という気持ちを持ちます。ですから、その子との信頼関係を築き、一緒に問題を乗り越えようというスタンスの大人とは、とても良好な関係を築くことができます。

## (2) 自閉症スペクトラムスタイルの子

### ・対人関係のつまずき

自閉症スペクトラムスタイルの子は、学校生活の中において、対人関係のつまずきが目立つことが多いようです。とくに、彼らは相手の気持ちを読み取ることが苦手、という困難を抱えています。これには、例えば相手の感情を相手の表情から察知することが難しいなど、ノンバーバルなコミュニケーションがとらえにくいことも関係しています。

また、言葉の量は豊富で一応会話は成り立つけれど、一方通行であり、どこか表面的・社交辞令的なよそよそしさを感じさせることがあります。そのため、「風変わり」「無愛想」「何を考えているかわからない」と誤解されてしまうこともあります。

### ・「空気をよむ」のが苦手

あまりいい言葉ではありませんが、どうも「場の空気をよむ」ことが得意ではないようです。その場の雰囲気をよみ取り、まわりの人と気持ちを共有することができない、あるいは、自分がどうふるまえばその場の雰囲気になじめるかがイメージできない場合があります。

### ・型にはまった環境に安心する

予期しない変化や、臨機応変な対応が苦手な子が多く、毎日の大きな変化にうまく対応しながら生活するのが非常に困難です。学校でも、それらの変化についていけないときにはパニックを引き起こすことがあります。

特定のことにこだわりのある子が多く、同じ生活パターンや手順を好みます。この特徴は、自分のペースやパターンを守って安心を得ようとしていると考えることもできます。彼らは独自のとても敏感な世界を持っているので、予測不可能なことや不規則なこと、大きな変化のない安定した環境に身をおくことで安心を得ているのです。

## ●「自分流をつらぬく、こだわりの子」ととらえてみよう

自閉症スペクトラムスタイルの子は、ある分野にとても関心が高く、また専門的にとことん追究する傾向があります。ですから、虫や魚、キノコ、天体、三国志、など自分の興味がある分野を徹底的に把握し、昔で言う「○○博士」「百科事典君」のようなタイプが多くいます。

私は、そんな彼らを「自分流をつらぬく、こだわりの子」ととらえています。この「こだわり」は、私にとっては尊敬の意味です。彼らの持つ独自の世界の、その緻密さや、情報の豊かさには脱帽させられることが多く、いろいろと学ぶことが多くあります。

また、彼らは大変律儀で、決まった日課や活動はきちんとやってくれますし、一度頼まれた仕事などはとてもていねいにこなしてくれます。

## ●自閉症スペクトラムスタイルの子への対応

### ・人とのかかわり方を具体的に教える

自閉症スペクトラムスタイルの子どもたちは「どうすれば相手が不快にならないのか」「具体的にどのようにふるまうべきなのか」がわかりにくいのです。そこで、場面ごとに図解したり、イラスト化して状況を整理したり、こんな場面ではこういう言葉を使うとトラブルになりにくいよ、とていねいに教えたりする必要があります。コミュニケーションの具体的な例を教える、相手への質問は一回に3つまでね、と具体的な数字を提示する、などの方法が有効です。

# (3) LDスタイルの子

### ・学習でのつまずき

LDは「ラーニング・ディスオーダー」または「ラーニング・ディスアビリティー」の略で、

現在では「特異的学習症」とも呼ばれています。学習の基礎となる、聞く・話す・読む・書く・計算する・推論する、の能力のうち、どれかの習得に著しい困難を示すつまずきがみられます。

ＬＤは、「全般的な知的発達に遅れはない」子のことで、いわゆる知的障がいや情緒障がいとは区別されています。日常生活はとくに支障なく行うことができていたり、他の科目では別段問題がみられなかったりするのに、ある特定の学習についてのつまずきがみられるため、「嫌いな科目だから努力していない」「できるのにやる気がない」「家庭の指導が悪いせい」という誤解を受けやすいのです。しかし、ＬＤは脳の機能によるものであり、本人の努力不足や親の養育によるものでは決してありません。

「読字障害（ディスレクシア）」と呼ばれる困難がある子たちは、例えば「日」と「目」の違いに気づくことが難しかったり、あるいは文字がダブって見えたり、反転して見えたりするなどの視覚的認知の問題を抱えているため、読むことが難しくなってしまうのです。

もし、教科書や黒板の字が私たちとは違って見えているとしたら、その子が音読できなかったり、板書にとまどったり、集中がとぎれてしまったりするのも仕方ない気がしませんか？

また、「算数障害」と呼ばれる、数字が認識しづらかったり、計算が極端に苦手だったりという子もいます。数の概念、合成・分解などを他の子と同じように頑張って練習しても、それがとても定着しにくいのです。いつも計算を間違えたり、何度文章題をやってもその意味がイメージできなかったり、いつまでたっても九九が覚えられなかったりして、その努力を積み上げることができなかったら、数字を見ただけでイライラしてしまう気持ちもよくわかりますね。

## ●「苦手なことに日々チャレンジしてくれている子」ととらえてみよう

学校は、勉強をする時間が中心です。毎日5、6時間の授業をこなすことはLDスタイルの子にとっては大変な課題です。「うまく音読できないかもしれない」、「今日も連絡帳を書くのか、つらいなあ」、「計算問題で当てられて答えられなかったらどうしよう」、そんな不安を抱えながらも、毎日けなげに学校に通ってくれている、それがLDスタイルの子どもたちです。

自分の苦手さと向き合いながら「苦手なことにたえずチャレンジしてくれている」、いじらしいがんばり屋さんがLDスタイルの子なのです。

## ●LDスタイルの子への対応

### ・小さな成果を認め、学ぶ楽しさを伝えよう

まずは、学業不振が本人の努力不足や怠けからきているのではないことを理解し、その子なりの努力や小さな成長を評価してあげるように心がけましょう。

私たちは学習を通じて、知らなかった知識を得たり、新しい発見をしたり、「できた！　わかった」という経験をしたりして、自分の世界を広げることができます。ところが、ＬＤスタイルの子にとって学習は「わからない」「つまらない」「できない」という経験の連続であり、授業は「苦行」で、「よくわからない」辛い時間になりがちです。

そこで、「学び方の異なる」子どもたちに合わせて、教え方を工夫し、勉強の時間を少しでも楽しくわかりやすくして、「ぼくにもわかった」「わたしにもできた」という体験をたくさん提供することが重要な支援となります。つまりそれが、授業のデザインの工夫に他なりません。

しかし、工夫を凝らした授業を実践するにあたって、常に念頭においておくべきことがあります。それは、「楽しい授業」「いい授業」「わかる授業」は、とくに個性豊かな子どもたちにとっては、かなりベクトルが違うものだという認識を持つことです。

例えば、子どもの中にはドキドキするような演出に興味を持つ子もいれば、そういうことが苦手な子もいます。ＡＤＨＤスタイルの子の中には、やることがわかってしまった途端に飽きてしまう子がいます。そんな子は、サプライズがたくさんある、先が読めないワクワク感によって集中が持続できます。

しかし、自閉症スペクトラムスタイルの子の多くは、ルーティン化された授業の流れに安心するので、視覚的なカードで授業全体の見通しを持たせることなどが、非常に効果的になってきます。

ですから、授業のデザインにあたっては、そのクラスはどういうタイプの子たちで構成されているのかということを考慮しながら、楽しくわかりやすい授業を演出する必要があるのです。

# 5　個別のかかわりだけが支援ではない！

さて、今度は、「気になる子」も含めた「クラス全体」に目を向けて考えてみることにします。

## (1) 学校で感じる現代の子どもたちの傾向

学級観察を行っていると、そのクラスの子どもたち全体が気になることが多くあります。私が気になった最近の子どもたちの傾向を、以下の４つにまとめてみました。

### ①先生に自分だけ大切にされたい傾向

友達との関係より先生との結びつきを優先したい子が増えてきています。とくに低学年の子の中には、先生にまるで「自分の親」のようなかかわりを期待し、先生に自分だけを見ていてほしい、という子がたくさんいます。先生が他の子にかかわっていると、やきもちから、その子に暴力をふるう子さえいます。

「ぼくだけ見ていて」「どうしてわたしのお世話をしてくれないの？」そんな子どもたちが多いクラスでは、例えば特定の子に個別の支援をしている場面で、いじけたり、怒ったり、先生を責めたりするクラスメイトが出てくる可能性があります。

**②自分に敏感で、相手に鈍い傾向**

相手に対して寛容になれない子どもたちがたくさんみられます。自分はさんざん他の子に迷惑をかけても平気で、友だちの失敗を笑ったり、揚げ足を取ったり、嫌がらせを楽しそうにやったりします。先生が「相手の気持ちになって」と諭しても、なかなか染み込みません。その一方で、いざ自分が誰かにちょっと責められたり、何かされたりすると、深く傷ついたり、泣いたり、叩いたり、大騒ぎをしたりします。そんな被害感の強い子が増えています。

**③楽しいこと、ラクなことに流れる傾向**

今この時が楽しければいい、がんばるのは面倒だ、そんな雰囲気が子どもたちの間に蔓延しています。また、好きか嫌いか、楽しいか楽しくないか、が物事の判断基準になっています。授業中の子どもたちの言葉に耳を傾けてみると、「めんどくさい」「これきら〜い」「わかんねー」「やりたくねー」「つまんなそう」、そんな言葉が飛び交っていることに気づくでしょう。

### ④気持ちを切り替えることが苦手な傾向

始業のチャイムが鳴った時、さっと席に着くことができる子は教室にどれぐらいいるでしょう？　気持ちを切り替えて速やかに着席できる子が少なくなってきているように思えます。プライベートな時間（遊びの時間）から、オフィシャルな時間（学習の時間）に気持ちを切り替えることが苦手な子が増えているのです。

さて、おわかりでしょうか。つまり、特別な配慮を要する子どもたちにみられるような特徴が、いまや通常学級の子どもたち全体にみられるのです。ですから、先生がクラスの特定の子どもだけに個々に対応していては、クラス全体をおさめきれないということになります。配慮をクラスの子どもたち全体に行き届かせなくてはならない点に、今の先生の大変なご苦労があるのだと思います。

## (2)「気になる子」の周りに

その結果、クラスの気になる子の周辺に、さまざまな問題を示す子どもたちがあらわれるようになります。

**気になる子を取り巻く子どもたち**

① **問題行動を真似する子**（模倣犯タイプ）
② **わざと刺激する子**（天敵タイプ）
③ **〝影〟でコントロールする子**（〝影〟の司令塔タイプ）
④ **クラスのトラブルを楽しむ子**（ギャラリータイプ）

これらについては、この次の章で詳しく述べていくことにします。

## (3) 支援の基本はクラスの安定

特別な支援が必要とされる教育現場ですが、しかし、通常学級において最優先すべきこと、それは「学級の安定を図る」ということなのです。そのためにまず「クラスの雰囲気をやわらかくすること」こそがなにより大切だと思います。子どもそれぞれの個性に合わせた指導を工夫する前に、まずクラスの子どもたちと信頼関係を築き、集団の楽しさ、勉強の面白さを教えることが支援のベースであると言えるでしょう。

例えば、自分たちが次に何をやればいいのかわからず混乱する子どもが多ければ、おのずとクラスの雰囲気は落ち着かなくなります。勝手におしゃべりする子、手いたずらをする子、立ち歩く子も出てくることでしょう。そんな環境はクラスのすべての子どもにとってマイナスであり、また「他の子もやってるんだから自分もやっていい」と感じさせてしまうことにもつながります。

クラスからざわざわした混乱を取り除き、安定させることで、気になる子も落ち着いて過ごせる環境ができあがるのです。

学級経営の中で、クラスの雰囲気をいかにやわらかくしていくかを考え、実践している先生方がいらっしゃいます。例えば、子どもたちがお互いの「いいところ」を見つけあう学級活動や、遊ぶときに仲間を誘う方法を一緒に練習する体験授業などを通じて、友達のよさを見つけたり、相手の気持ちを考えたりすることの大切さを学ばせることを実践されているのです。そういうことをていねいに行って、「気になる子」たちをうまく支えていくような、あたたかいクラスをつくっていくと、前述のような「気になる子を取り巻く子たち」がいなくなるのです。

## （4）やわらかな雰囲気の学級作り

### ・「どんなクラスにしていきたいのか」を丁寧に伝える

クラスの子どもたちが共に活動していく雰囲気を作るために、先生は意識的にやわらかい・あたたかい学級作りを心がけていく必要があります。それには、年度当初からクラスの子どもたちと「どんなクラスを作っていきたいか」ということを話し合っていくことが大切です。

学級経営の方向性によって寛容なクラス全体の雰囲気ができあがれば、「どうせ自分なんかにはできない」と最初からあきらめてしまう子や、「皆みたいに上手くできない、早くできない」と焦ったり動揺したりしてしまう子も集団活動に参加しやすくなるでしょう。

### ・けなげで真面目な子どもたちを大切に

この1週間を振り返り、クラスの子どもたち一人ひとりとどうかかわったかを思い出してみてください。すると、どうしてもエピソードが思い出せない子が出てしまう場合があるでしょう。とくに、個性豊かな子が多いクラスでは、先生を困らせることもせず、勉強や運動がずば抜けてできるわけでもない、そんな目立たない子たちの影が薄れてしまうことがあるのです。

しかし、学級経営で大切なことは、そんな「けなげに真面目に静かに」してくれている子たちにも気を配ることではないでしょうか？　担任が安心して特定の子にかかわることができるのも、実はこういう子どもたちがクラスを支えてくれているからこそなのです。日々の指導に追われ、ついかまってあげられない子どもたちを認め、その存在に感謝することが、やわらかくあたたかいクラス作りにはとても重要なことなのだと思います。

### ・子どもとの約束は守る

学級の雰囲気作りを左右するのは、子どもたちが「この先生は信頼できる」と思えるかどうかです。信頼感というのは、「先生は私たちとの約束を守ってくれる」という体験の積み重ねによって生まれます。

とくに「気になる子」の中には、先生が自分にした約束を守ってくれるか、にとても敏感な子がいます。案外その子自身は先生との約束をすぐに忘れてしまう面があったりするのですが（笑）、彼らの多くは約束を破りたくて破っているわけではありません。むしろそんな時でも「君は私との約束を忘れちゃったかも知れないけど、私は覚えているよ。君のことが大事だからね」と言ってあげられる先生は、子どもから信頼されるに違いないのです。

## ・時には、「謝る勇気」を示す

さらに、子どもたちとの信頼関係作りで重要なのは、子どもの気持ちを裏切らないことです。では、クラスの子どもたちが「先生に裏切られた気持ち」になるのはどんな場面でしょうか？先生にとっては大したことでなくても、子どもたちにはとても重要に思えることがあります。例えば、皆が楽しみにしていたレクリエーションの時間が、時間割の関係で取れなくなったとき。最後のプールの授業は自由に遊べる時間を作ると約束したのに、できなかったとき。合同体育の集合場所を間違えて伝えてしまったとき。他のクラスには伝わっていた行事の連絡事項を伝え忘れたとき。プリントを配り忘れたとき。採点ミスをしたとき……など、さまざまあるでしょう。

自分の非を認めたら教師の負け、とでもいうように、子どもたちに決して謝りの言葉は口にせず、何があっても強気で押し切る先生がなかにはいらっしゃいます。しかし、たとえ直接的には先生のせいでなかったとしても、約束を守れなかったこと、間違えてしまったことについては一言、謝ることができる勇気を見せてあげてほしいと思います。そうすれば子どもたちは、自分たちは先生に大切にされていると感じることができます。またそのことで、先生でも間違えるんだなと安心したり、相手を許すことを学んだりもできるのです。

担任が普段から子どもたちとよく会話をし、時間があれば一緒に遊び、心を通わせていれば、そして学級が育っていれば、「大丈夫だよ」とか「誰にでも間違いはあるよ、先生」と言ってくれる子が必ずいるはずです。

### ・「気になる子」をクラスから「浮かせない」よう心がける

学級作りで大切なポイントは、特定の児童生徒をクラスから浮かせないことです。個別の取り組みや特別な人的配置（介助員、支援員など）も、クラスの雰囲気に合わせてできる限りさりげなく実施していかないと、その支援自体が「気になる子」をクラスから孤立させてしまうことになりかねないのです。

そのような「子どもにとってマイナスの支援」を続けていると、「この子は私たちと違う」という思いがクラスに生まれると同時に、その子の方は「どうも自分は特別視されている」と感じてしまいます。そうなると、両者がお互いに協力することは大変難しくなるでしょう。

### ・「ふわっと言葉」による支援

学校をまわっていて驚かされるのは、子どもたちの言葉づかいです。「死ね」「ウザイ」「キモい」など、人を傷つける言葉が飛び交っているのです。相手を傷つけるような言葉を、私は「**チクッと言葉**」と呼んでいます。

●子どもたちから聞かれる「チクッと言葉」

「バカじゃねぇ?」「死ね」「しょぼい」「ウザイ」「むかつく」「のろま」「キモイ」「何やってんだよ」「お前のせいだ」「あーあ、やっちゃった」「お前だけだぞ」

こういった心に刺さるチクッと言葉が多く聞かれるクラスでは、子どもたちの心が全体的にすさんでいます。

一方、「気になる子」が落ち着いて過ごせるクラスでは、「ふわっと言葉」といった、ホッとする言葉が聞かれます。

●子どもたちから聞かれる「ふわっと言葉」

「気にしないでいいよ」「大丈夫だよ」「待ってるよ」「いいんじゃない」「いっしょにやろう」「よかったね」「ドンマイ」「さすが~」「ナイス」「すげえ」「やるな」

最近の子どもたちは、人を傷つける言葉はたくさん知っているのに、人を励ます言葉や、人を元気にする言葉は持っていないことが多いのです。ですから、クラスの中に、フワフワした、やわらかい、あたたかな言葉をたくさん増やしてあげること、そして、子どもたちが持っているボキャブラリーによい言葉の「貯金」を増やしてあげることが欠かせない支援となります。

そこまで計画的な取り組みができなくても、ふだんの先生方の言葉掛けが、そのままクラスの子どもたちのモデルになっていることを忘れず、子どもたちに接していただきたいと思います。

「どうして、こんなこともわからないの？」「一年生（幼稚園）からやり直せ！」「また、あなたなの？　いい加減にして！」などと、先生の発する「チクッと言葉」を、子どもたちがそっくり真似して「気になる子」などに投げかけている様子をよく目にすることがあるからです。

これらの大人の言葉掛けを、子どもたちはすぐに吸収して真似てしまいます。周りにいる私たち大人が、子どもたちの「よいモデル」として、他の人との気持ちよいかかわり方を示していけば、それは自然とクラスの子どもたちに浸透していくものです。

子どもたちに、あたたかい言葉の「貯金」を増やしてあげるためには、私たち自身が自分の言葉を磨き、勇気づけの言葉、励ます言葉のレパートリーをたくさん増やしていく必要があります。その、もっともよい練習の場が、家族の間や職員室の中であることは言うまでもありません。

## ⑸ クラスが育つ教育のユニバーサルデザイン

教室の「気になる子」が「今年はけっこう落ち着いている」などと言われるときは、その子の中での変化や成長だけでなく、周りの環境との相互作用によって落ち着いた状態を作り出している、という見方もできます。

つまり、「わざと刺激する子」や「〝影〟でコントロールする子」の少ないクラスや、あたたかい雰囲気のクラスは、「気になる子」にとってマイナスの刺激が少ないので居心地がよく落ち着いていられる、ということです。

また、先生の授業が魅力的だと、「気になる子」たちがクラスで目立たなくなるということを実感します。なぜなら、わかりやすい授業では「気になる子」も授業に集中できるので、学習の困難さや問題行動が軽減されて、クラスから浮き上がったりしなくなるわけです。

さらに先生が「気になる子」も大切にして授業を進めてくれているということが、クラスの連帯感を高めることにつながります。お互いの意見を汲み取ろうとするような工夫によって、子どもたちが授業中も助け合うようになるのです。

こうしてすべての子どもが落ち着いて授業に取り組める環境を醸成し、クラス全体を成長させてあげると、自然に子どもたちが支え合う雰囲気ができあがってきます。そして、学級がまとまっていくにつれ、「気になる子」も共に成長していくようになります。子どもたちのプラスの相互作用は、時に感動的な成長を私たちに見せてくれるのです。

# 第2章

# 気になる子を取り巻く子たち4タイプ

タイプ 1

# 問題行動を真似する子

②　①

## どんな子ども？

発達障がいのある子の問題行動を見ているうちに、他の子どもにも「楽しそうだな」「私もやりたいな」という気持ちが湧いてきます。

「問題行動を真似する子」（模倣犯タイプ）たちは、そういう気持ちが抑えられなくなった子どもたちです。とくに低学年の場合、一人が真似をし始めると「ぼくも」「私も」と、その行動が広がっていくスピードは大変速いものです。クラスのあちこちで問題行動が驚異的に広がる可能性があるのです。

## なぜ、こうしてしまうの？

問題行動を見ていて我慢できる子と真似してしまう子の違いはどこにあるのでしょう？

模倣犯になりやすい子には4つの特徴があります。

**①学習の理解度が低い**
**②幼児性が強い**
**③基本的な生活習慣が身についていない**
**④自主性がない、依存性が強い**

模倣犯タイプは、クラスの中で、勉強がわからない、つまらない、と感じている、つまり授業への参加感の低い子どもたちがほとんどです。

さらには幼児性が強く、「我慢して取り組む」「集中して最後までやりきる」という耐性が育っていない、生活の中で生活のスキルや学習のスキルを十分獲得できていないため、誰かが楽しそうにしているとすぐにつられて行動をしてしまうのです。

彼らは、自主的に問題行動を起こすことは少ないのですが、誰かがはじめた行動に追従する、あるいは自分の問題行動を許された経験が重なる、とい

### こんなケースも……

＊誰かが「くせえ」などと言うと一緒になって連呼する
＊授業中に先生の準備してきた教材をとって遊んでしまう

タイプ❶②③④：問題行動を真似する子

った流れで模倣犯タイプになっていくのです。

## クラス内での行動

模倣犯タイプの子は誰かにつられて問題行動を起こすようになるので、年度当初は目立ちません。ゴールデンウィーク明けくらいから、徐々に他児の影響を受けて活動するようになります。

とくに要注意なのは、チクッと言葉の「こだま」です。誰かが「つまんねー」と言うとそれをすぐ真似て「つまんねー」「つまんねー」と皆で連呼します。席が離れていてもそういうことにはお互い敏感に反応するのです。ですからクラス内で不規則発言の芽が出始めたら、速やかに対応することが求められます。

わかりませ〜ん
できませ〜ん
ちょ〜ひま
つまんねー

授業への参加度が低いために、このような発言が多くなります

## 理解のポイント

このタイプの子は、先ほど述べたように、幼児性が残っている分、素直で指導が入りやすいの

です。

しかも後述する「〝影〟でコントロールする子」のように裏表があるわけではないので、行動は一貫していて支援の目標がしぼりやすく、かわいげがあって、大人の「ほめ」が大変効果的なのです。指導に当たっては、彼らの小さな「がんばり」に着目することが適切であると考えられます。

## これが効果的！

彼らは、何故問題行動を模倣するのでしょうか。

そう、勉強がわからないからです。そこで、模倣犯タイプの子には再三注意を促す、といった方法ではなく、学習面で十分な支援をし、学力をつけていくことが、最大の支援なのです。

発達障がいのある子から引き離そうと説得したり、強制的に距離をとるようにしたりするのではなく、授業で参加感を持たせ、学習に集中できるよう工夫していくことで、結果的に引き離すことができるわけです。

叱る際には意図的に皆の前で叱り、けじめをつけさせます。また当たり前のことでも、丁寧に、その場で指導していくことが望まれます。

そう、発達障がいのある子への学習支援と共通する部分がたくさんあると言えるでしょう。

## 特徴1 学習の理解度が低い ▼▼▼ こう対応しよう！

このタイプはなんといってもわかりやすい授業が最大の支援となります。言葉を少なめにし、視覚化を工夫することや、授業のねらいを絞って焦点化すること、活動を刻んで飽きさせないことなどが有効です。

またペアで話し合いなどをさせ、理解を「そろえる」ことで安心感を持たせます。それぞれが個別に取り組んでいる時間には、こまめに机間巡視をして、学習を支援することも重要でしょう。もし保護者の協力が得られる場合には、家で宿題を見てもらう、明日の準備などを一緒にしてもらうなどの対応で、彼らが勉強に向かう動機づけを高め、少しでも「わかった」「できた」を積み重ねましょう。このように、授業のユニバーサルデザイン化がもっとも効力を発揮するタイプと言えるでしょう。

**ここがポイント!!**

## 授業中に「わかった」「できた」をたくさん体験させせよう

## 特徴2　幼児性が強い ▼▼▼ こう対応しよう！

幼児性が強いタイプの場合、楽しそうなことがあるとつい模倣してしまうのです。ただ、大人に対する信頼感は損なわれていないので、「先生は私をかわいがってくれている」という感覚を持たせることが重要になります。

このタイプの子はほめてほしいときにかならず顔をあげて大人を確認しますから、目を合わせてうなずく、微笑み返す、ハンドサイン（グッドジョブ）を出す、といったノンバーバルな肯定的メッセージを啐啄同時で返しましょう。言葉でほめなくてもいいのです。低学年の場合には、このようにアイコンタクトで支える、すなわち「目で抱っこする」という方法が大変有効なのです。

低学年の子どもの場合「幼稚園からやり直しだ」などとつい叱責することがありますが、気合で乗り切るタイプではありませんから、登校渋りにつながる危険性があります。

**ここがポイント!!**

**ノンバーバルな「ほめ」を駆使しましょう**

## 特徴3 基本的な生活習慣が身についていない ▼▼▼ こう対応しよう！

基本的な生活習慣が身についていないタイプの場合、発達障がいのある子が「楽をしている、手を抜いている、いい加減にやっている」と思い込み、自分も楽をしたいがために、生活の決まりを守らなくなるタイプです。

彼らの保護者は子どもが宿題を忘れたり、週末に上履きや体育着を持って帰ったりしなくても気にしないことが多いのです。つまり見守られていない家庭で育っているのです。学校の決まりだから、他の子もやっているから、という言葉掛けでは効果がないのですが、大人の愛情は欲していますから、当たり前のことでもできたらほめる、という積み重ねが効果を発揮します。また生活スキルを増やす取り組みが重要です。多くを望まず、目標を絞り込んで、できたら大げさにほめることが彼らの変化を促します。

家庭に協力を求める場合、気をつけたいのはこのタイプの保護者は連絡帳に目を通してくれません。そのため電話等を通して、こまめにコンタクトを取る必要があります。

## ここがポイント!! スモールステップで生活スキルの獲得を

## 特徴4　自主性がない、依存性が強い ▼▼▼ こう対応しよう！

自主性がない、依存性が強いことが大きな理由と考えられる場合、自ら判断できる力を獲得させなければなりません。友達が「いい」と言えば、それがそのままこのタイプの子の「いいこと」になってしまうからです。自分にとって本当に大事なことは何かをしっかり考えられる子にしていくことです。

声掛けのポイントは「あなたはどう思うの？」と、その子の心に強く問いかけることです。オープン・クエスチョンではなく、選択肢を用意して選ばせるクローズドクエスチョンを用いることがポイントです。教師としてはついつい早く解答を求めてしまいがちですが、「よく考えてまた後で聞かせてね」といった、信じて待つ姿勢も重要になります。自己判断、自己決定の力を育むことによって、いじめに加担する、一緒に万引きをする、などの模倣行動にブレーキをかけるのです。自分を信じられる子に育てることこそ、教育の力です。

**ここがポイント!!**

### 自己決定の力を育み、心のブレーキを持たせよう

タイプ2

# わざと刺激する子

①
できないよー
もうイヤだ!!
②
へたくそ！
やめちまえ！

## どんな子ども？

発達障がいのある子の失敗をめざとく見つけ、しつこく指摘する、興奮しやすい言葉を掛けてパニックに追い込む子どもたちです（天敵タイプ）。

いつも近くにいることが多く、仲がいいのでは、と勘違いしてしまうこともありますから、しっかりと友達関係を把握することが重要です。

お互いに悪影響があるので、発達障がいのある子から遠ざけようと工夫する先生もいます。しかし、離そうとしてもすぐに接近してくる子どもたちです。

## なぜ、こうしてしまうの？

わざと刺激する子はとにかく目立ちたがりで、お笑いなどの新しいネタはどんどん取り入れてきます。クラスでとにかくウケるのが楽しみで、発達障がいのある子を「いじる」ことで自分のポジションを見つけているような子どもたちなのです。

彼らにとってこの行動は遊びの延長で、「悪いことではない」と自分に言い聞かせながらやっています。それだけに先生の指導を拒絶し、ごまかします。

**①学習の理解度は中程度**
**②人の失敗に目ざとく、マイナス方向に頭を使っている**
**③目立ちたがり**
**④内言（声に出さず心の中で考えるための言葉）が育っていない、すぐ言い訳を言う**
**⑤行動の基準がぶれやすい**

これらの行動は、このタイプの子たち自身が適切なコミュニケーションスキルを持っていないこと、また健康的な遊びのレパートリーが獲得されていないこと、が背景にあるのです。

### こんなケースも……

＊先生がせっかく落ち着くように援助しても、先生の隙をみてまた刺激して再度興奮させる
＊遊び仲間のフリをしながら理不尽な行動を要求する

## クラス内での行動

彼らは模倣犯タイプに比べると、学習の理解にはあまり問題がありません。やる気が出ている時には、飲み込みも速いので、先生方も教科学習で困ることは少ないかも知れません。

ただし、とにかく人の失敗を鋭く、いち早くキャッチすることに長けていて、先生が板書を間違えたり、言葉掛けを噛んだりすると、速攻で「先生間違ってます！」と勝ち誇ったように責めてきます。思ったことはすぐに口に出し、先生が注意すると、頭をフル回転させて言い訳を連発してきます。

しかし、彼らはそれほど大物の悪といった印象はなく、普段はむしろ愛嬌があって、先生に取り入ろうという部分も持っている子どもたちなので、わざと刺激したり、からかったりする行動は、後述の「〝影〟の司令塔」の影響を色濃く受けている場合もよくあります。

遊んでいただけですー
あいつも喜んでましたー
○○くんもやってました！
からかうような行動をしないよう指導すると……

## 理解のポイント

このタイプの子は、よくも悪くも、とにかくよく気がつきます。そして最大の特徴は、大人の役に立つことは案外嫌いではないということです。また、何度か発達障がいのある子をパニックに追い込んでいるうちに、実は「そろそろやめたい」「でも自分だけやめたら、次は自分がやられる」と逡巡していきます。「よくない仲間関係」から抜け出したい思いは持っているのです。

事実確認のために関係する子どもを集めて指導することも時には必要ですが、むしろこのグループの場合は分けて一人ひとり話を聞くことが重要です。それぞれの子どもの立場や考え方、課題を十分理解しながら交通整理をしていく技術が先生方には求められます。

## これが効果的！

多忙な先生方には大変かもしれませんが、彼らと休み時間に遊んだり、一緒にスポーツをしたりすることが最も効果的です。彼らは不健康な遊びとして「誰かをいじる」ことを選択しているので、遊びを通してかかわりを深めて、健康な遊びのレパートリーを増やすこと、ソーシャルスキルを育てることなどが、問題行動の軽減につながります。また、発達障がいのある子が、天敵タイプに囲まれて学習することにならないよう、ぜひ座席の工夫もお願いしたいところです。

## 特徴1 孤立型天敵タイプ ▼▼▼ こう対応しよう！

集団を作らずに刺激しようとするこのタイプは、実はコミュニケーション面などが未熟で、刺激する相手である、発達障がいのある子によく似たタイプであることが多いのです。そして、ターゲットの発達障がいのある子を強く意識し、よく観察しています。似たもの同士で、チクッと刺し合ってしまう、**ヤマアラシのジレンマタイプ**と考えてもいいかも知れません。

このタイプの子にとって、特に実技科目においては「クラスで他のやつには勝てないが、こいつ（発達障がいのある子）になら勝てる」という思いが秘められていることがあります。勝手にライバル視しているといってもいいでしょう。そして何かと張り合って、自分が優位に立ちたいのです。

彼らの生活目標などは、少し負荷をかけた設定にし、達成感をより刺激することが重要です。あまり低いレベルだと「馬鹿にするな」というような気持ちで「先生、オレをわかってねえな」と思われてしまうので配慮が必要です。

**ここがポイント!!**

### 少し負荷をかけた目標で達成感を刺激しよう

## 特徴2 集団型天敵タイプ ▼▼▼ こう対応しよう！

この集団の結束は決して強くはありません。なぜなら彼らは「下手をすると自分がいじめのターゲットになるかも知れない」と戦々恐々としていて、早く弱いやつを見つけ出して、叩こう、とスケープゴートを探している子どもたちなのです。そして、仲間はずれが一番こわいのです。

彼らには一人ひとりに役割を与え、分断しながら自立を促す必要があります。それぞれが役割を達成できたときに先生が心から感謝する、という流れを積み重ねていく支援がきわめて重要です。先生に、大人に、他者に貢献した、という経験の蓄積によって「先生が喜んでくれることで、なんだか自分もうれしくなる」ということに気づかせていく取り組みが必ず効果を発揮するでしょう。相手の気持ちに気づけるような働きかけのまず第一歩として、「先生の役に立つ」ということからスタートさせていきたいものです。

まだ彼らは大人との二者関係がきちんとはぐくまれていないので、次の段階である「友達の役に立つ」という感覚はまだ先のテーマといえるでしょう。

### ここがポイント!!
### 他者に貢献する喜びを実感させましょう

タイプ 3

# “影”でコントロールする子

①

②

おまえのせいで
迷惑なんだよ！
どうしたの？
なにかあった
の？

どんな子ども？

〝影〟でコントロールする子（〝影〟の司令塔タイプ）は、先生がいないところで発達障がいのある子をからかい、いじめ、怒らせます。そしてその子がパニックになると、その場からすーっと離れて行き、先生が来る頃にはパニックになっている子だけが残る、という巧妙な動きをする子です。

トラブルの元をつくりながら、問題が起こるとその渦中にはいないため、先生は彼ら司令塔の存在に気づかないことが多いのです。なかにはトラブルのなだめ役として再度登場し、先生の信頼を得る子もいます。

## なぜ、こうしてしまうの？

先生の目の届かないところで、発達障がいのある子を刺激したり、「わざと刺激する子」たちに指示して間接的にいじめる子が「〝影〟の司令塔タイプ」で、その特徴は次の5つです。

**①学習の理解度が高い子か、運動能力に秀でた子**
**②大人と子どもの前では態度がちがう**
**③子どもたちから一目置かれている**
**④大人への不信感がある**
**⑤生活でストレスを感じている**

このタイプは、学習面やスポーツ面などで保護者からの過度の期待がストレスになっていることが多くあります。受験の期待や地域のサッカー、野球チームなどのレギュラーに入れるか否かのプレッシャーなどから、ストレスのはけ口を求めているのです。

また、さらに厄介なのは、発達障がいのある子をよく援助しているケースです。それまで純粋にお世話役だった子がふと「なんだか損している」と気づき、裏表のある行動をとり始めるのは、ちょうど4年生頃からです。

### こんなケースも……

＊以前は純粋にお世話役だった子が４年生くらいから“影”の指令塔になることも。
＊先生の前では素直であり、保護者が学校に協力的なため見えにくい場合も。

## クラス内での行動

〝影〟の司令塔タイプの子を見抜くことは、先生でもなかなか難しいようです。なぜなら、前述のように援助をしている存在に見える場合もありますし、被害にあっている子でさえうまく説明できないほど、いじめが巧妙なのです。また、なによりこのタイプは発達障がいのある子を怒らせるまでのプロセスを楽しむため、その子がパニックになってしまうと気持ちがとたんに冷め、クールにその場から立ち去ってしまいます。

クラスが騒然とした頃、パニックになった子の周辺には、たいてい模倣犯か天敵タイプの子がうろうろしていますが、火をつけた一番の張本人はその場にはいないのです。

そして、先生がクラスの状況に介入していると、このタイプの子は別の顔で再登場します。仲裁役やなぐさめ役として、「みんな、○○くんがかわいそうだろ」「そっとしておいてあげて」などと格好良く登場して、時には先生から感謝される、それが〝影〟の司令塔タイプなのです。

また君のせいで
負けだな……
大丈夫！
がんばってね！
先生がいないと……
先生がいると……

## 理解のポイント

〝影〟の司令塔タイプは、学級の「場」を壊すのが目的で、クラスメイトの前向きな雰囲気や、真面目なムードを破壊することに喜びを感じるという、大変屈折した部分があります。

このタイプの子の保護者には、学校に協力的で文化的にも高く教養があり、一見子育てに熱心に見える方が多いようです。しかし、学力の高さや勝つことなどに大きな価値をおき、実は子どもを内面で評価していないことがあります。ですから、たてまえだけのしつけになりやすく、学習やスポーツの成績はよくても、子どもの道徳心は育っていない場合があるのです。

## これが効果的！

〝影〟の司令塔タイプの子には強みがたくさんあります。学習やスポーツに秀でていたり、世間の情報に強かったりします。その持ち味を大切にし、得意な分野で活躍していけるように支援すること、つまり発達障がいのある子の支援と方向性は同じです。その子との信頼関係を築き、目標を確認し、裏でなく表のリーダーに育てていく、それが私たち教育者の使命となります。

しかし、何度も大人に失望した体験を重ねてきている彼らと信頼関係を築くことは、生易しいものではありません。心して歩み寄らなければ、とたんにはねつけられてしまうでしょう。

## 特徴1 大人への信頼感が低い ▼▼▼ こう対応しよう！

信頼関係を築く上で大切なことは、彼らの叱り方とほめ方です。

まず、叱り方ですが、彼らは面子というものを非常に大切にしています。ですから、その子のプライドを大切にし、他の子の前では叱らないことが先決です。

さらに大事なのは、ほめ方です。子どもだと思って「えらいねえ」「すごいねえ」なんてほめたら、彼らのことです、「けっ、ちっともうれしくねえんだよ」と内心思うでしょう。

ですから、ほめるときには四字熟語などを用い、意図的に、知的に高いほめ方をする必要があるのです。その子がぐっとくる言葉を贈るためには、その子をよく知る必要があります。

「大人として扱う」「一人前としてかかわる」ということが、「この人は他の大人とちがうかも」という思いを感じさせるのです。

**ほめる四文字熟語の例**

| | |
|---|---|
| ○智勇兼備 | ○呑舟之魚 |
| ○文武両道 | ○八面六臂 |
| ○質実剛健 | ○音吐朗々 |

**ここがポイント!!**

**プライドの高い子の「大人ごころ」に働きかけよう**

## 特徴2　生活で苦労している子 ▼▼▼ こう対応しよう！

〝影〟の指令塔の存在に気づいたら、彼らの生活状況に目を向けてみましょう。彼らのほとんどが警戒心を持っています。少しずつ打ち解けたら、彼らの生活に関することにも耳を傾けて欲しいのです。

家で下の子の面倒を見ている、経済的に厳しい状況にある、両親の夫婦関係に亀裂が生じているという事情が見え隠れすることがあります。以外と苦労人だったりするものです。それらのストレスを他の子にぶつけていることがあるのです。

そこで、ぜひ彼らに獲得して欲しいのが、適切なストレス解消法です。なぜなら勉強やスポーツ、そして多忙感から来るストレスを、発達障がいのある子にぶつけている、という背景があるからなのです。年齢相応のストレスマネージメントスキルを学ぶことも、支援の重要な柱になるでしょう。

### ここがポイント!!
### 適切なストレス発散法を一緒に考えよう

タイプ4

# クラスのトラブルを楽しむ子

②　①

## どんな子ども？

今日もクラスで何かトラブルが起きないかな、と楽しみにしている子どもたちがいます（ギャラリータイプ）。

自分たちで何か仕掛ける訳ではありませんが、時々模倣犯タイプに同調したり、天敵タイプと一緒にはやし立てたり、騒いだりします。ただ、そういう行動をする時と乗らない時があるので、先生としてもはっきり支援の方向が見えにくい子どもたちです。

先生が模倣犯タイプや天敵タイプにどのような指導をするかを観察して、動きを決めているようです。

## なぜ、こうしてしまうの？

クラスのトラブルを鑑賞して楽しむギャラリータイプ。彼らは模倣犯タイプや天敵タイプに移行していく可能性があります。発達障がいのある子との関係で全員に共通した特徴は次のようなものがあります。

**①何度か我慢させられたと思い込んだ経験がある**
**②先生がひいきしていると思っている**
**③自分たちもがんばっているのに、と感じている**

まず挙げられるのは、自分たちが正しいことを言ったのに先生に受け入れられなかった、という体験を多くしていることです。そういう先生の対応について「どうしてだよ」「納得できない」と、子どもたちは自分が行った「正義」（と思っていること）が通らなかった理不尽さを経験します。そのくせ自分が同じことをすると先生に怒られてしまうことがあり、「なぜ自分だけ？」という気持ちが強くなります。

それが積み重なっていき、「えこひいき」に対する怒りがつのるのです。

**こんなケースも……**

＊建設的な意見には乗らないのに、誰かの批判的な意見にはいつも同調する
＊先生と１対１の時は非常に大人しいのに天敵タイプの子がいると強く出る

## クラス内での行動

ギャラリータイプの子は、気分次第で行動が変わります。また先生によって大きく態度を変えるのです。ですから管理職やスクールカウンセラーが見に来た時や、学校公開で保護者が見ている前ではきちんとするので、他の先生方の協力が得にくいという面があるでしょう。

しかし、他の大人が見に来ているとちゃんとやることについて、もし皮肉をこめて「今日はどうしたの、ちゃんとできるじゃない」などと言ってしまうと、より状況が悪化してしまいます。彼らは「担任が校長にチクッた」と考えるからです。子どもの世界では、私たちの想像以上に「チクること」は悪なのです。

先生！○○さんが
ちゃんとやってません
ズルしてます！
○○さんはいいの
許してあげてね

## 理解のポイント

先生は、子どもを見守っていると同時に子どもたちから見られています。特にトラブルが起きている場面で先生の対応がぶれていないかは、本当に観察されています。同じ行動をとったのにあの子は怒られない、あの子ははげしく怒られる、ということがあるとそれはクラスの大きな不信感につながっていくのです。

というのも、彼ら自身が大人から「認められた」という経験が少ないこと、また自分だってこんなにがんばっているんだぞ、という思いをたくさん味わっていることが影響しているといえるでしょう。そう、彼らだって先生に目をかけて欲しい、そう思っているのです。

## これが効果的！

ギャラリーが成長するクラスでは、もともと「ばか」「キモい」「ウザイ」など、人を傷つける言葉が飛び交っていることが多いのです。こういった**チクッと言葉**が多く聞かれるクラスでは、子どもたちの心が全体的にすさんでしまいます。最近の子どもたちは、相手を励ます言葉、人を元気にする言葉はあまり獲得できていません。

クラスの中に「**ふわっと**（あたたかな）**言葉**」をたくさん増やしてあげること、子どもたちが持っているボキャブラリーの中に**ふわっと言葉の貯金**を増やすことが、遠回りのようですが、漢方薬のようにじんわり効いてくる効果的な支援です。

先生が子どもたちの良きモデルとして、他者との「やわらかい」かかわり方を示していけば、それは自然とクラスに浸透していきます。子どもたちにふわっと言葉の貯金を増やしてあげるためには、先生自身が日頃から言葉へのアンテナを高くして自分の言葉を磨き、たくさんの勇気づけの言葉、励ます言葉のレパートリーを増やしていく必要があるでしょう。

ここがポイント!!

## ふわっと言葉があふれるクラスにしよう

# 第3章

# 「周囲」の子から広げる学級づくりケース30

通常学級のユニバーサルデザイン　プラン/ZERO

# 指示を聞き逃してしまう子

話を聞き続けるのが苦手なコウタくん。授業中も、大切なことを聞き逃してしまいがちです。理科の授業でグループごとに実験の準備をしている中、何をすればよいかわからずおろおろしています。周りの友達も自分のことで精一杯で、コウタくんに声を掛けてあげる余裕がないようです。

## これは避けたい　NGな対応

＊「どうしてよく聞いていなかったの！」と、本人が答えられない叱り方をしてしまう。
＊「最初に○○して、それから△と□を用意して……」と早口に流れや準備物を説明。不安げな表情にもかかわらず、有無を言わせぬ口調で「わかった？」と尋ね、うなずかせてしまう。

## こんな対応がGOOD！

### ●コウタくんへの働きかけ

一度にたくさんの指示を出さず、どれか一つに絞り、順に伝えていきましょう。また、準備物や手順をカードに書いておき、それを見せながら伝えることも効果的です。

## 周囲を巻き込む働きかけ

準備物やその手順といった情報の伝達を、全て口頭だけで済ませていませんか？　複数の準備物や複雑な手順を一気に伝えられても、全てを完璧に把握するのは大人でも難しいものです。「この指示だけで、コウタくんは本当にわかるかな？」と、常に考えておく配慮が大切です。

少し情報が多いと感じたら、あらかじめ、掲示物やカードといった**視覚的なツール**を用意しましょう。教室に電子黒板や大型テレビがあれば、必要な情報を大きく表示するのも効果的です。これらには、「確実な指示ができる」「説明にかかる時間を大幅に短縮し、実験や活動の時間を確保できる」といった効果も期待できます。

その上で、指示を聞き逃して困っている子には、そういった掲示物やカードをみながら手助けするようにします。そのように取り決めると、周りの友達も声を掛けやすくなります。

## 他のこんな場面でも使える

「体育で競技の説明をする」、「家庭科で調理実習の手順を確認する」など、複数の情報を扱う場面は学校の中で多くあります。このように視覚的なツールを準備しておくと、子どもたちも自信を持って準備や活動に取り組むことができます。

# 授業中に大声で話してしまう子

落ち着きがなく、授業中でも自分の興味があることを大きな声で話してしまうユウタくん。国語の時間に話し合い活動をしていると、関係がないゲームのことを話しはじめました。周囲の子たちが、「ユウタくん、うるさいよ」と注意して、騒々しい雰囲気になってしまいました。

## これは避けたい　NGな対応

＊「うるさい」「静かにしなさい」などと、ユウタくんの行動を非難する言葉を使って威圧的に静かにさせようとする。

## こんな対応がGOOD！

### ●ユウタくんへの働きかけ

どんなにうるさい子でも、1時間の授業中、ずっとうるさくしているわけではありません。一瞬でも静かな時があるはずです。そこを具体的にほめます。例えば「今静かに座っているね、すばらしい」や「えらい、昨日より長く静かに話を聞けているね」などと、肯定的な言葉でよいところだけをほめていきます。言葉で表すだけでなく、オッケーと指を出したり、握手したりするなど、声を出さないでほめられるようにすることも大切です。

## ●周囲を巻き込む働きかけ

周りの子の中には、ユウタくんの言動が原因で集中力を欠いたり、ずっと我慢し続けてきたりした子がいるでしょう。先生でさえ、多少なりともイライラしてしまうことがあるはず。「みんな集中して話を聞いているね」と、子どもたちの我慢やがんばりに共感してあげましょう。

また、ユウタくんを叱ってばかりいると、周りの子が「ユウタくんはうるさい」や「ユウタくんのせいで集中できない」と思ってしまいます。そこで、ユウタくんが正しい姿勢で静かに話を聞いているタイミングをねらって、「ユウタくんのような姿勢で話を聞くんだよ」と言います。するとユウタくんも周囲の子たちも、みんなが笑顔で授業に参加できるようになります。

今がゴールではありません。半年後、一年後、卒業後のユウタくんのために、決して焦らず、一歩ずつ成長させていきましょう。

## ●他のこんな場面でも使える

気になる子の中には、正しい行動がわかっていない子がいます。「わかっていて当たり前」ではなく、「わかっていないかもしれないから、正しい行動を教える」という姿勢が大切です。

# 授業が始まってもおしゃべりしてしまう子

その場の状況を理解するのが苦手なタロウくん。時間や相手の都合を顧みず、話をしてしまうため、授業中に友だちから注意を受けることもあります。今日も、授業がはじまったとたんに「先生、先生」と声を上げ、隣の子から「うるさい」と注意をされてしまいました。

## これは避けたい　NGな対応

＊「あとでね」「今は勝手にしゃべりません」というように、今回も大した用事ではない、後で聞けばいいだろうと決めてかかって話をさえぎり、そのまま忘れてしまう。

## こんな対応がGOOD！

### ●タロウくんへの働きかけ

忙しい時に限ってトラブルが起きるものです。子どもが何か訴えてきたら、まずその顔をよく見ましょう。表情から異変を感じることができるかもしれません。また、体調不良やケガといった緊急に対応するべき内容かどうかを必ず確認します。そうでないと確認できた場合には、穏やかに、「この授業が終わった後に詳しく教えてね」と、具体的な時間を指定し、話を聞く約束をしましょう。それによって、「あなたのことをいい加減に考えているわけではないよ」というメッセージを伝えることができ、タロウくんも納得しやすくなります。

### 周囲を巻き込む働きかけ

「こうやってみんなのことを教えてくれると、先生はうれしいなあ。休み時間にいろんなことを教えてね」と、**子どもとコミュニケーションを深めていくチャンス**ととらえ、周りの子にも呼びかけます。その際、肯定的な表現に付け加える形で、ルールを示していくとよいでしょう。

なお、体調不良やケガなど、緊急の内容は具体例を示し、「どんなに先生が急いでいても言ってね」と確認しておきます。「周囲でそんな友達がいたら必ず先生に教えてね」と協力をお願いしておくことも大切です。その上で、授業中のおしゃべりを上手に止める方法をみんなで相談しておきましょう。人指し指を立てて口に当てたり、口の前で×をつくったりと、穏やかに止める方法を決めておくと、クラスの雰囲気が落ち着いたものになっていきます。

### 他のこんな場面でも使える

コミュニケーションが取りたくて、ついいたずらをしてしまう場合もあります。そういった場面でも、気持ち自体は肯定的に受け止めつつ、ルールを伝えていくといった対応が大切です。

# 授業中に席をたってしまう子

自分の席にじっと座っていることができず、席を離れ、さらには、教室から飛び出してしまうケントくん。周りの友だちも、ケントくんのことを「おかしいな」「変だ」と思うようになってきています。学級活動で先生の話を聞いている場面で、ケントくんはまた離席してしまいました。

## これは避けたい　NGな対応

＊「座っていないとダメでしょ」「落ちつきがないよ！」と、否定的な言葉で注意する。

＊校舎内を逃げ回るケントくんを追いかけまわすように探す。

## こんな対応がGOOD！

### ●ケントくんへの働きかけ

否定的な言葉で表現する指導は、繰り返すとだんだん子どもが慣れてきて、従わなくなってしまいます。視点を変えてみるのもいいかもしれません。例えば、個別に助言します。「**話を聞い**

**ているふり**をしてごらん」と。ケントくんは、「え?・」という反応をするでしょう。心の中で「だってちゃんと聞かなきゃいけないんじゃないの?・」と、自問自答しているかもしれません。

でも実は、話を聞いているふりをするのは難しいのです。行動としては、静かに座っている。静かにしているわけですから、結局話が耳に入ってきます。先生の許可をもらって離席するカードを作ったり、砂時計を机の上に置いたりする個別の手立ても有効です。しかし、ユーモアを交えて、楽しく話が聞ける方が、お互い気持ちがいいものです。

## ●周囲を巻き込む働きかけ

ケントくんは、悪い意味で注意され過ぎてしまっているタイプの子です。周りの子は、「またかぁ」と、うんざりしてしまうでしょう。「聞いているふりをして」という指示を個別にしておき、それができているときをねらって、周りの子たちに「ケントくんのような姿勢で聞くんだよ」と教えます。そうすることで、周囲の子のケントくんに対する接し方が変わってきます。

同時に、ケントくんからすると、いつもは注意されている場面でほめられるわけですから、正しい行動を身につけられるだけでなく、自己肯定感も高まり、一石二鳥です。

## ●他のこんな場面でも使える

苦手な学習や活動に取り組むとき、「わかってはいるけどやる気がでない」というタイプの子がいます。「それならできそう」と思える手立てを、ユーモア交じりに考えていきましょう。

# コミュニケーションが苦手な子

物静かで、自分の考えを伝えることが苦手なマリさん。特に仲のよい友達は少ないようです。忘れ物をした時に、周りから強い口調で「先生に言わないといけないよ」「そうだよ、ちゃんと言えよ」と、責められてしまいました。

## これは避けたい　NGな対応

＊「みんなが言うように、きちんと自分の口で言わなければいけません」と、先生も周りの子どもたちと同じように注意をして、さらに孤立させてしまう。

## こんな対応がGOOD！

### ●マリさんへの働きかけ

自分の思いをうまく表現することに苦手意識がある場合は、無理に自分の言葉で話をさせる必要はありません。自分の思いを伝えやすいように、二択制の質問をしてマリさんの思いを聞いてあげるなど、マリさんへの配慮が必要です。

## 周囲を巻き込む働きかけ

マリさんは、周りとうまくコミュニケーションが取れておらず、「どうせあの子は……」と、周りの子どもたちが一方的に注意しようとしてしまいます。このとき必要になるのが、マリさんに対する個別的な指導と、周りの友達と「つなげる」ということです。

そこでおすすめなのが、**「タッチ挨拶」**です。毎朝学校に来ると、みんなで「タッチをしながら、挨拶を交わす」ようにします。取り組みはじめは、朝の会で先生も入って一緒にやってもいいでしょう。マリさんは、恥ずかしくて言葉が言えなくても、タッチしながら友達とかかわり合うことはできます。毎日繰り返す中で、恥ずかしそうにしながらも、タッチをする姿が見られるようになり、少しずつですが、マリさんの表情も朝から明るくなってきます。

そんな時に、先生が進んでマリさんの成長したところや、すばらしい言動を肯定的に価値づけます。すると、集団とのよいつながりができるようになります。

## 他のこんな場面でも使える

「タッチ挨拶」は、先生にとっても、子どもたちの表情を見ながら、その日の心の様子をチェックすることができ、一石二鳥です。「今日シゲルくんは、○○をしてくれました。すばらしい」などと、タッチをしながら価値づけることで、子どものよい行動をほめる時にも使えます。

# 人前で表現するのが苦手な子

発表会で合唱を行うことになりました。しかし、おとなしいアヤノさんは人前で大きな声を出すのが苦手で、歌を歌うことにも自信がありません。練習で舞台に並ぶと、うつむいて立ったままになってしまいました。

## これは避けたい　NGな対応

＊「大きな声を出して！　声が出てない人は一人で歌ってもらうよ！」と指示し、何度も歌い直すものの、子どもの顔には疲労感が浮かび、ますます声は出なくなっていく。

## こんな対応がGOOD！

### ●アヤノさんへの働きかけ

まず大切なのは、できていないことよりも、**できていることを取り上げる**ことです。声を出すのが苦手なら、姿勢や入退場の様子など、アヤノさんのよさに注目してみましょう。そして、周りの友達との比較ではなく、前回からの成長について積極的に評価をします。少しずつ自信を持つ中で、アヤノさんに変化が生じる時を待ってあげましょう。

## 周囲を巻き込む働きかけ

もともと歌うことが得意で、声をしっかり出せる子をさらに伸ばすことから始めましょう。中心となる子たちから自然と歌声が広がり、このクラスの中でなら、自分も声を出しやすいな、と感じる状態を目指します。

その際、ビデオを活用するのも効果的です。ビデオでクラス全体を撮ると、一人ひとりの声はわかりません。わかるのは姿勢などの視覚的な部分だけです。そこで、始めは「声を大きく」ではなく、「口を動かす」「顔を上げる」といった、視覚的な部分に絞って指導してみましょう。ビデオは斜め上から撮影し、「顔が上がっていると、正面を向いているように映るよ」「口を開くと、『あ』の音の時には口の中が見えるよ」と、後で見たときにわかる具体的な状態を紹介します。そうすることで、自ら変化を実感することができ、結果的に声が出るようになっていきます。

## 他のこんな場面でも使える

「一生懸命やると格好悪いかも」「自分の姿は変じゃないかな」と、人前で何かを表現することに抵抗感を抱く子どもは不安を抱えています。歌に限らず、ダンスや音読といった表現活動の練習場面では、自らを視覚的に確認させ、その不安を解消していくことが大切です。

# いつも宿題を忘れてしまう子

冗談が好きで明るいヒロキくんですが、一つだけ苦手なのは、宿題をやってくること。今日も計算練習の答え合わせをしようとすると、「先生、ヒロキくんが忘れています」と大声で指摘する声が挙がりました。ヒロキくんは小さくなり、ばつが悪そうな顔をしています。

## これは避けたい NGな対応

＊「何度同じことを言わせるの！」と、つい厳しい声で注意し、授業が中断してしまう。

＊宿題をしていないことを放置することで、他の子どもたちにも「別に宿題なんてしなくても平気なんだ」という安易な考えが広がってしまう。

## こんな対応がGOOD！

### ●ヒロキくんへの働きかけ

「宿題のことは、授業が終わった後で一緒に考えようね」と、まずは共に問題を解決していく姿勢を示します。そもそも、ヒロキくんは本当に宿題を忘れているのでしょうか。ひょっとしたら、学力や家庭の状況から、宿題ができず困っていることも考えられます。似たような課題に取り組んだ際、どれくらい時間がかかるかを見ておいたり、保護者と連絡をとって家庭での様子を確かめたりしましょう。状況によっては、宿題の量や難易度を調整する必要もあります。

## 周囲を巻き込む働きかけ

「家の用事などで宿題ができない時は、おうちの人から先生へ連絡してもらってね」と、宿題ができない時のルール作りをしておきましょう。「ヒロキくんは宿題をちゃんとやってこなかった」と指摘があっても説明ができますし、ただの「宿題さぼり」を防ぐこともできます。

また、宿題の伝え方にも一工夫を。宿題は家庭で行うので、保護者の協力が必要な場合もあります。毎日異なる内容を口頭で子どもに伝えるだけでは、保護者も協力のしようがありません。月曜は漢字ノート、火曜は算数プリント、のように、内容に規則性を持たせ、毎日の宿題を記録するカードを用意するなど、やるべきことを把握できる仕組み作りが大切です。さらに、宿題ができたらスタンプやシールをあげるなど、がんばりが実感できるようにすると効果的です。

## 他のこんな場面でも使える

「忘れてはいけません」と言うだけでなく、忘れない仕組み作りをしたり、がんばって用意をしようという前向きな気持ちを育てたりすることが大切です。

# いつも作業が遅れてしまう子

几帳面で、何事も粘り強く取り組むユウコさん。ノート整理に熱心なのはいいのですが、周りのペースについていけず、「待って！」と声をあげ、授業を止めてしまうことも少なくありません。周りから「自己中心的だ」「他のみんなは終わっているのに」と不満を抱かれることもあるようです。

## これは避けたい　NGな対応

＊いつもユウコさんのペースや言動に合わせ、授業を進めていく。
＊「時間をかけすぎです」「他の子は終わっているから先に進みます」と突き放してしまう。

## こんな対応がGOOD！

### ●ユウコさんへの働きかけ

「先生が黒板に何かを書く時には、その内容を先に言うよ。先生が書く前に、聞こえた言葉を書いてごらん」と、視写だけでなく、聴写も取り入れていきましょう。

また、「『鉛筆を置いてね』と先生が言うまでは、書いていていても大丈夫だよ」「どうしても待ってほしい時は、二人で決めた合図を出してね」など、決められた時間内に書けなかった場合の行動について明確にしておくと、ユウコさんも安心して過ごすことができます。

## ●周囲を巻き込む働きかけ

丁寧に仕上げたノートをコピーして紹介するなど、粘り強く物事に取り組む子たちのがんばりやよさを価値づけていきます。それによって、「早く済ませればいいや」と思っていた子どもたちにも、新たな目標をつくることができます。

また、辞書引きや言葉集め、九九カードを使った取り組みなど、早く終わった子どもたちが時間を有効に使うための準備をしておくとよいでしょう。それらを充実させることで、個人差をプラスでとらえる学級作りを進めていきます。

## ●他のこんな場面でも使える

漢字ドリルの学習や単元末テストなど、取り組みのペースに個人差が生じやすい活動については、そのままにしておくと、単なる「待ち時間」ばかりが増えていきます。一人ひとりが課題を持ち、充実して過ごせるよう配慮することが大切です。さらに、待ち時間用の課題を、基礎から応用まで、系統立てて用意しておけば、それぞれの学習の定着度を高めるのに役立ちます。

# 活躍できないとすねてしまう子

体を動かして遊ぶことが大好きなユウトくん。自分が思い通りに活躍できないとすねてしまい、トラブルになることもあります。体育の授業でサッカーをしたところ、「他の人ばっかりシュートしてつまらない」と泣き出してしまいました。

## これは避けたい　NGな対応

＊「やる気がないならやめなさい」と突き放してしまう。

## こんな対応がGOOD!

### ●ユウトくんへの働きかけ

「試合やゲームに勝ちたい」「自分が中心となって活躍したい」と思うことは、子どもにとってごく自然なことです。まずは、ユウトくんのやる気を認めてあげましょう。その上で、「シュートをして点を入れる」という結果ばかりでなく、プレーの姿勢や仲間と協力する態度を取り上げ、普段から評価していくとよいでしょう。

## 周囲を巻き込む働きかけ

「ユウトくんは、ボールが来なくて困っているみたいだよ」と、子ども同士で困り感の共有を図ります。その際、ユウトさんのがんばりや、やる気についても紹介できるとよいでしょう。このような場面では、他のチームにも、「上手な子ばかりが活躍し、ボールが回ってこない」という悩みを持った子がきっといるはずです。

そういった仲間の気持ちに気付かせ、「みんなが楽しむためには、どうすればいいかな?」と話し合い、ルールを変更していきます。子どもの実態に応じて、「それぞれの初得点は十点にする」「チームの全員がボールに触れたり得点を入れたりしたらボーナス点を加える」など、具体的なルールの例を提示してもよいでしょう。

①仲間の困り感をみんなで解決する　②活躍の「機会」を保証する、ことによって、互いに気持ちよくゲームに取り組むことができ、チームワークも向上します。

## 他のこんな場面でも使える

学校では、体育で行う競技はもちろん、休み時間のドッジボールや鬼ごっこ、異学年交流を目的にしたレクリエーションなど、集団で何かに取り組む機会が多くあります。活躍の機会が保証されるように工夫をすることで、全員が参加できる、楽しい活動となっていきます。

# 課題がおわると遊んでしまう子

体育の学習が大好きで、運動も得意なアスカさん。全員が取り組むように示された技はすぐにできてしまい、虫と遊んだり、ふらふらとどこかへ歩いて行ってしまったりしています。周りの子の集中も途切れ、「やらなくてもいいのかも」という雰囲気が広がってしまいました。

## これは避けたい　NGな対応

＊「じゃあ、好きな技をやっておこう」と、その子だけ好きな技をやらせてしまう。
＊「できるのなら、できない子のアドバイスをしなさい」とアドバイスばかりさせようとする。

## こんな対応がGOOD！

### ●アスカさんへの働きかけ

「アスカさん、だるま回りを見せてくれるかな」と、運動の手本をクラスに見せてもらいます。その後に、「上手にできていたね。そこまでできているなら……片手だるま回りや交差だるま回りがあるけど、やってみようか」と発展させた技を提示し、新しい技が上手にできるように意欲的に取り組みます。同じ系統の技なので、友達にアドバイスをしたり、補助をしたりと教え合いでアスカさんが貢献することができます。

このため、あらかじめ運動する内容を系統立てておきましょう。例えば、鉄棒の学習なら、ふとんほし→前回りおり→補助ありのだるま回り→だるま回り、のように、スモールステップで段階を示します。提示しきれない場合は、先生が発展技を把握しておくことが大切です。

## 周囲を巻き込む働きかけ

アスカさんの技を見せてもらった後に、アスカさんの上手だな、真似したいなというところを伝えてもらいます。アスカさんの取り組んでいる姿やできていることを全体で認め、具体的な手本を見たことで周りの子も意欲を高めて技に挑戦していきます。

また、グループでの学習を取り入れます。系統立てた学習であれば、先生が提示したポイントや、自分の言葉に置き換えたアドバイスを伝え合うことができます。同じ系統の技をグループで学習していけば、子どもたちがかかわり合い、励まし合う機会が増えていくでしょう。

## 他のこんな場面でも使える

個人種目になりがちなマット運動、跳び箱運動でも、系統立てたスモールステップの学習やグループでの学習を活用することで、運動が得意な子も苦手な子も学習に集中できます。

# 友達に強い口調で注意する子

ルールを重んじ、何事にも積極的なユズルくん。授業中、友達が「書くのをやめてください」という先生の指示に従わずノートを書いていると、「おい、ちゃんと聞けよ！」と声を荒げた口調で注意します。それが原因で、友達といつも言い合いになってしまいます。

## これは避けたい　NGな対応

＊「あなたは、先生ではありません。注意するのは先生の仕事です」と言ってしまう。

＊「注意する声が一番うるさい。言い方を考えなさい」と、注意を促してくれているユズルくんに、逆に注意をしてしまう。

## こんな対応がGOOD！

### ●ユズルくんへの働きかけ

まずは、価値づけること。ルールをとても大切にするユズルくんは、先生が話したクラスの約束事やルールをしっかり理解しているはずです。まずは、そのことをほめることが大切です。

**●周囲を巻き込む働きかけ**

「ユズルくん。あなたはすばらしい。みんなは、ユズルくんは何がすばらしいかわかる？」と、周りの子どもたちから、価値づける言葉を要求します。クラスの子どもたちからは「ルールを覚えて、みんなに守るように言っている」という声が挙がるでしょう。クラス全体でそのことを認めた上で、最後に先生は「でもね、一つだけもったいない。それは何か、ユズルくんわかる？」と今度はユズルくんにたずねます。

そこで、一つだけアドバイスをしましょう。『**ちゃんとやれよ**』じゃなく、『**ちゃんとやろうよ**』ってみんなに呼びかけてあげれば、みんなうれしいと思うなあ」と。ルールを大切にするユズルくんの姿勢を大事にしたうえで、命令ではなく呼びかけにするように伝えます。それでお互いが気持ちよく意見を言ったり聞いたりし合えることを、クラス全体で共有化したいものです。

**●他のこんな場面でも使える**

遊びの場面でもこのような言葉がよく聞かれます。先生が遊びの中にいる時に、このようなほんの些細な文末表現を意識させることで、子どもたちは相手の受け取り方を意識しやすくなり、子どもたちの関係が円滑になっていきます。

# 意欲はあるのに活躍できない子

学習面での理解に時間がかかるショウタくん。授業中は積極的に手を挙げますが、いざ当てられると、答えられずに「忘れました」と言って座ってしまうこともしばしば。算数の時間、元気よく手を挙げたショウタくんを、周りの子どもたちが「またか」と、ひややかに眺めています。

## これは避けたい　NGな対応

＊「どうせ答えられないから」と、意図的に指名を避けてしまう。
＊「しっかり考えてから言いましょう」と注意してしまう。

## こんな対応がGOOD!

### ●ショウタくんへの働きかけ

ショウタくんの「授業に参加したい」という思いを肯定的に受け止めていきます。手を挙げるショウタくんと視線を合わせ、「あなたに気付いているよ」という気持ちを笑顔で伝えたり、授業後に声をかけ、「ショウタくんのやる気はクラス一だね！」と評価したりします。

## 周囲を巻き込む働きかけ

「授業で一番大切なのは自分の考えを伝えようとする気持ちだよ。そこから先は、みんなでつくっていくんだよ」と、「正解」ではなく、学習の過程そのものを価値づけていきます。また、「忘れました」と言って座る子がいれば、発言しようとした姿勢に注目させることが大切です。この後、学級の子どもたちに「ちょっと難しいけどやってみよう」という気持ちを持たせたい場面で、いいお手本になります。

また、先生の発問として、さまざまな難易度のものを用意しておくことも大切です。それにより、学習が得意な子も苦手な子も、それぞれが活躍できるようになります。

難しい課題に取り組む際には、グループ対話などを利用すると、誰もが答えられる状況を作ることができます。「みんなで協力して導き出した答えを代表者が言う」「意見交流をして参考になった意見を言う」などの設定も取り入れていきましょう。

## 他のこんな場面でも使える

行事の代表者を決める場面でも、このような手立ては有効です。積極的な姿を価値づけつつ、一人ひとりを全員でサポートしていくことで、学級全体が共に支え合う関係となっていきます。

# 「ひいきされている」と思われてしまう子

気になるアキラくんへの支援として、授業で何かができるたびにごほうびシールをあげることにしました。しかし、アキラくんがシールをもらっているのを見た周囲の子たちからは、「ずるい！」コールが。声はだんだん広がってしまい、収拾がつかなくなってしまいました。

## これは避けたい　NGな対応

＊「うるさい」と一喝して、周囲の子たちの不満を抑えつけようとする。

## こんな対応がGOOD！

### ●アキラくんへの働きかけ

どんな支援策をするにしても、本人と約束事を話し合って決める必要があります。話し合いの時に、「『ずるい』と言ってくる子がいるかもしれないよ」のように、支援策のリスクも話しておきましょう。周囲との関係で何か起きてしまった際、どのような行動を取ればよいのかを話し合って決めておくことも必要です。

## 周囲を巻き込む働きかけ

**「ずるい」を「いいなぁ」という言葉に言い換え作戦**を使います。「ずるい」という言葉は、相手を非難するマイナスイメージの言葉です。一方「いいなぁ」という言葉は、「わたしはあなたがうらやましい」というプラスのイメージの言葉です。「いいなぁ」と言われたアキラくんは、うれしそうな表情をするでしょう。周囲の子ども達も、自分の気持ちを表現できたことで、意外と穏やかな表情をしています。言葉を言い換えさせるだけで、みんなが笑顔になり、素敵な学級になっていきます。

ただし、それでも他の子からの非難がおさまらず、その子がクラスから浮いてしまうような場合は、希望者やクラス全体にごほうびシール制度を実施するのも一つの方法です。

## 他のこんな場面でも使える

言い換え作戦は、いろいろな場面で使えます。

その秘訣は、「主語」です。「(あなたは) ムカつく」などのように、雰囲気を壊してしまう多くの場合の主語は、「君」や「あなた」になっているはずです。雰囲気を壊しにくい場合の主語は、一人称の「(わたしは) 腹が立つ」となっていることが多いです。後者の方が「どうして？」と素直な気持ちで聞けますよね。言葉一つで学級の人間関係が大きく左右されます。

# ルールを守れない子

友達と同じように活動したいという気持ちが強いリクヤくん。やる気はあってもできないことが多く、気持ちが後ろ向きになりがちです。結果、ルールをわざと守らなかったり、じゃまをしたりするので、周囲から「ルールを守れない子」というレッテルを貼られてしまっています。

## これは避けたい　NGな対応

＊リクヤくんの行動に常に目を光らせるような態度をとってしまう。

＊「先生、リクヤくんがまたルールを守りません」などの訴えに対して、話をよく確かめないまま即座にリクヤくんに注意をする。

## こんな対応がGOOD！

### ●リクヤくんへの働きかけ

リクヤくんの行動をよく観察する中で、できるようになったことや「よい行動」を発見します。どんな些細なことでもかまいません。発見したら即座にリクヤくんに価値づけてあげます。

さらに、その一つの行動を別の形で二回はほめましょう。時にはみんなの前で紹介する形で、また別の時には、「今日は、リクヤくんの○○（よい行動）を発見したら、先生の気持ちが明るくなったなぁ」など、リクヤくんの行動が、先生の気持ちをプラスの気持ちに変えたことを伝える形でほめるのも効果的です。「自分は先生にとって邪魔な存在ではないし、自分にもできることがある」という意識をもたせます。

## ●周囲を巻き込む働きかけ

リクヤくんの対応に追われていると、周りの子どもたちは、「先生は誰かが悪いことをするのをチェックしている」と感じるようになり、互いに告げ口し合う関係になっていきます。また、リクヤくんの行動だけを学級全体の前で紹介すると、「それくらい自分たちだってやっている」という反発も起きかねません。

そこで、リクヤくんの行動を価値づけると同時に、周りの子どもたちのちょっとした「よい行動」を積極的に価値づけ、少々大げさかな、と思うくらい積極的に声をかけます。

## ●他のこんな場面でも使える

悪い行動だけに着目せず、よい行動の方に目を向け、ほめ合うことは、「できるようになった」ことをみんなで喜び合える、あたたかい雰囲気の学級作りに非常に有効です。

# 整理整頓が苦手な子

片づけが苦手なマスミさん。机の周りにはいつも持ち物やゴミが散乱しています。机の横にはパンパンに膨れた手提げかばんや絵の具セットなどがかかり、隣を通った友達がつまずいてしまうことも。最近では周囲の子にも、その傾向が広まってきているように感じます。

## これは避けたい NGな対応

＊床に落ちているゴミを指さし、厳しい声で「これは誰のゴミですか！」と追及するだけの指導。
＊先生が拾って子ども達が気付かない。

## こんな対応がGOOD！

### ●マスミさんへの働きかけ

整理整頓の「整理」とは不要なものを処分すること、「整頓」はきちんと並べることです。まず、「持って帰るプリント用のファイルを用意する」「机の横にはその日使う道具だけを掛ける」

など、ものを減らす工夫をします。その上で机に何をどう置くのか、相談しながら決めます。

## 周囲を巻き込む働きかけ

ゴミや持ち物が床に落ちている原因は３つあります。１つ目はうっかり落としてしまうこと、２つ目は収納場所が不十分で床が置き場所になっていること、３つ目は「それを落としたのは自分ではないから」と、みんなが無関心でいることです。

まず、持ち物はそれぞれの**「あるべき場所」**を決めておきます。当日使わない物については、収納場所を用意し、出席番号を書いたシールを貼っておくなど、きれいに並べられるような工夫をしておきます。また、整理された状態を写真に撮り、そこに掲示しておくと効果的です。

さらに、「自分たちの教室」という意識を育てるよう心がけます。落ちているゴミは「自分たちの教室に落ちているゴミ」です。「捨てない（わざとゴミを床に捨てるなんてもってのほか！）」「落とさない（うっかり落としてしまうことを減らす工夫をする）」「見て見ぬふりしない」そんな３つの「ない」を合言葉にしておくことも大切なことです。

## 他のこんな場面でも使える

体育倉庫や特別教室の棚など、みんなが使う場所は各自の基準で片づけてしまうため、どうしても乱雑になりがちです。このような手立てを重ねることで、「その場所の管理を担当する先生がいつも片づけている」という状態がなくなっていきます。

# 集団行動でふざけてしまう子

元気で活動的なタダシくん。ついつい羽目を外してしまうことも少なくありません。苦手なことの一つが「整列」することです。並んでいる時についつい周囲とおしゃべりしてしまい、いつまでたっても止まりません。

## これは避けたい　NGな対応

＊「静かにしなさい」「いい加減にしなさい！」と何度も注意する。

## こんな対応がGOOD！

### ●タダシくんへの働きかけ

「整列」とは、「静かに」「前を見て」「まっすぐに」「並ぶことです」ということを教えて気付かせます。ただ集まっていることと、整列との違いについて比較させることも有効です。また、どんなよさがあるのか、理由を一緒に考えてみると、取り組む姿勢に積極性が出てきます。

## 周囲を巻き込む働きかけ

みんなの意識が一瞬で前に向かい、静かになる、ミニレクリエーションや合言葉を決めます。おすすめが、**「先生のマネをする」ゲーム**です。リズムをつけた拍手をしたり、様々なポーズをとったりします。最後は大げさなほどピシッと背筋を伸ばすと、子ども達も前を向き、バッグンの姿勢になるでしょう。

合言葉では、整列の状態を具体的に示す言葉を考えてみましょう。その際、先生の「整列とは」という言葉に続き、子ども達が「静かに」「前を見て」「まっすぐに」「並ぶことです」など、リズムよく言えるものにします。言葉の分担をあらかじめ決めておき、最後の「並ぶことです」では全員が声を揃える、といった変化をつけるのも効果的です。

できていない時は、注意を繰り返すよりも、「残念、もう一度席へ戻りましょう」と、毅然とした態度でやり直す方が効果的です。上手にできたら、変化を大いにほめてあげましょう。

## 他のこんな場面でも使える

座り方を指導する際にも、合言葉での指導は有効です、「けじめ」という言葉で、「け（気）」→気をつけ、「じ（地）」→地面にしっかりと足をつける、「め（目）」→先生と目を合わせる、を合言葉とし、「その座り方、『けじめ』のある座り方かな？」と伝えるだけで、姿勢が変わります。

# 人が傷つく言い方をしてしまう子

場面や状況を読み取ることが苦手なダイスケくん。クラスの中のマイペースなコウイチくんに対して攻撃的な言動を繰り返してしまいます。今日も「お前はいつも、話を聞いていないくせに。黙れ！」と、攻撃的な言葉を掛けてしまっています。

## これは避けたい　NGな対応

＊「あなただって話を聞いていないでしょ」と、ダイスケくんを攻撃的に注意してしまう。

## こんな対応がGOOD！

### ●ダイスケくんへの働きかけ

多くの子たちは、コウイチくんがマイペースであることを感じ取り、認めることができます。先生はまず、それを感じ取ることが苦手なダイスケくんのことを理解しなければなりません。

今回のようなダイスケくんの指摘は、決して間違っているわけではありません。ただ、**表現の**

**仕方がわかっていないだけ**です。そこで、ダイスケくんと個別に話せる場を設け、「コウイチくんにも、ダイスケくんみたいにきちんと話を聞けるようにしてあげたいの。あなたはどうやって話を聞けるようになったの？　その作戦をコウイチくんにこっそり教えてくれる？」と相談するようにします。ダイスケくんの「攻撃的」意識を「好意的」意識に変えるようにするのです。

**●周囲を巻き込む働きかけ**

周りの子たちは、「何でコウイチくんにそんなに強く言うんだよ！」と、ダイスケくんに批判的になっていきます。先生はそれを避けなければなりません。批判的なクラスの雰囲気ができれば、ダイスケくん一人を孤立させ、攻撃的に見るクラスになってしまいます。

そこで先生は、ダイスケくんの言葉をやわらかい表現に変えて画用紙に書き、全員で読ませ、ダイスケくんの言う内容自体は間違っていないことを確認します。それを通して、ダイスケくんを「言葉は厳しいけど、正しいことがわかっている子」という印象にしていきます。

**●他のこんな場面でも使える**

ダイスケくんに限らず、自分の攻撃的な言い方に気付いていない子は少なくありません。発言を視覚化（文字化）することで、自分の表現した言葉を振り返ることができます。

ただ、攻撃的な言葉よりも、肯定的な言葉を文字化し掲示していく方が、クラスも明るく、認め合う雰囲気に変わっていきます。

# いつもワンテンポ遅れてしまう子

マイペースなショウコさん。周りの状況を見て何をするのかはわかっているのですが、他の教室に移動する際、みんなが並んでいるのに、ゆっくりと準備をしています。周りの友達から、「はやく!」とせかされても、一向にマイペースに準備を続けているように見受けられます。

## これは避けたい　NGな対応

＊「『早くしなさい!』」「なぜ、いつもできないの?」」と叱ってしまう。

＊「もう、○年生でしょ。今までなにをしてきたのですか」と叱責する。

## こんな対応がGOOD!

### ショウコさんへの働きかけ

「次に行うことをわかっていない」「急いでいるつもりだが、周りの準備の速さと差がある」など、行動が遅い理由はいくつか考えられます。ショウコさんの場合は後者のようですので、時間を決めてみんなで行動する**「○○秒でGO」**という方法をお勧めします。たとえば廊下に並ぶ時、何秒後までにきちんと並べばよいのか、みんなで目標を立てゲーム感覚で取り組むものです。

## 周囲を巻き込む働きかけ

「今から、廊下に並びます。何秒あれば並べますか？」と子どもたちにたずねます。子どもたちが返してきた秒数を目標に「○○秒でＧＯ」と先生が言って、行動し始めます。

はじめは、ショウコさんが時間内に行動できないケースもあり、必ずショウコさんに文句を言う子どもが出てきます。その時に、「そうだよね、ショウコさんが悪いんだよね。じゃ、みんなで文句を言えばいいいんだよね」と、あえて周りの子の心を揺さぶるような言葉を返します。そうすると、「あと何秒か教えてあげればいい」、「一緒に準備をしよう」など、ショウコさんを支えようとする言動が聞かれてきます。もちろん、ショウコさんに目標時間を設定させ、自主的に行動するよう促すことも大切です。

## 他のこんな場面でも使える

休み時間を終えてもまだ、次の学習の準備ができていない場合などでも、「さあ、何秒あれば、全員が準備終わるかな？」などと声を掛けることは有効です。先生が「早くしなさい」と叱ってしまいそうな場面でぐっとこらえて使ってみると、子どもが進んで行動できるようになります。

# 時間の切り替えが苦手な子

マイペースなタケシくん。今していることから次の行動に移るのが苦手です。授業が始まっても読書をしていたり、昼休み後の掃除が始まっても、一人でボール遊びをしていたりします。友達から怠けていると思われ、「サボるなよ」「いつも、ずるい」などと責められてしまいました。

## これは避けたい　NGな対応

＊「みんなの言う通り、怠けないでしっかりやりなさい」と、子どもと一緒に責めてしまう。

## こんな対応がGOOD！

### ●タケシくんへの働きかけ

マイペースにもいろいろなタイプがあります。熱中するあまり切り替えをするのが苦手な場合、「そうじの音楽がなったらそうじをしよう」のように、わかりやすい合図を決めて、切り替えを意識させるようにします。指示が入りやすい場所に移動してから話すことも有効です。

何をしたら良いのか、次の見通しが持てない子もいます。見通しがもてるように、日課を見せたり、そうじ当番表を見せたりするなど、次の行動が明確になるようにしましょう。

また、なぜそうしなければいけないのか、わからない子もいます。この場合、そうじをすることについて価値づけるようにしましょう。いずれにせよ、なぜ人より行動が遅れるのか、その原因を理解してからその子に合った指導をしていきましょう。

## 周囲を巻き込む働きかけ

学校という集団生活の場では、時間を意識して行動できるようにすることは、どの子にとっても大切です。マイペースなタケシくん一人の問題とするのではなく、学級全体で声を掛け合えるように指導していきましょう。

そのとき、子ども同士で叱り合ったり、責め合ったりする関係ではなく、誘い合える関係を目指すようにします。「一緒にそうじをしようよ」や「ちょっと手伝ってくれる?」と、上手に誘える子を育てるために、まずは先生自身がお手本になります。また、優しい言葉掛けをできた子どもをほめるなど、どのような言葉掛けが望ましいのか、意識させていけるといいですね。

## 他のこんな場面でも使える

タケシくんへの働きかけを、そのままクラス全体に対して行えば、授業と休み時間、活動と活動の間のけじめがつき、日々の学校生活全体がメリハリのあるものとなるでしょう。

# 予定変更に対応できない子

物事へのこだわりが強いシンヤくん。音楽会前日、外部から招いた講師の先生が交通渋滞で遅れ、予定していた練習時間がずれることになってしまいました。状況の変化に戸惑い、ぐずるシンヤくんに同調し、「楽しみにしていた体育ができない」と周囲の子たちも文句を言いはじめます。

## これは避けたい　NGな対応

＊「誰のためにやってるの！」という先生の一喝にしゅんとする子どもたち。そんな中、シンヤくんはますますぐずってしまい、練習をするどころではない状態に。

## こんな対応がGOOD！

### ●シンヤくんへの働きかけ

そもそも、**子どもは急な予定変更が苦手**なもの。事情がわかっていて変更を決めた大人と異なり、一方的にそれを告げられる子どもたちが納得できないのは当然です。

シンヤくんがどうしても気持ちを整理できない場合は、場所を移動するなどして「少し休憩しようか」と待ってあげる姿勢も大切です。

## 周囲を巻き込む働きかけ

まずは、子どもたちの戸惑いや落胆を、共感的に受け止めます。「そうだよね」と、うなずきながら一人ひとりと視線を合わせていくと効果的です。その上で、「もし、ここで練習をいい加減に終わらせて、残念な結果に終わったらどうだろう。あの時ちゃんと練習しておけばよかった、って後悔することにならないかな？」と、未来のことをイメージさせます。

子どもの表情に納得した様子が見られたら、すかさず「ありがとう、そんなふうにうなずいてくれて」と、感謝の気持ちを伝えましょう。子どもたちの間に前向きな雰囲気が広がるような言葉掛けを行うことが大切です。

また、天候に合わせた対応など、予定に変更の可能性がある場合は、あらかじめそのことを理由と共に説明しておきましょう。休み時間や体育といった子どもたちが楽しみにしている活動に影響が出る場合は、その時間の確保をどうするのか、代案を提示することも大切です。

## 他のこんな場面でも使える

「工事で校庭が使えない」「天候不順でプールに入れない」など、子どもたちが落胆するような内容を伝える時にも、これらのアプローチは有効です。

# 自己肯定感が低い子

しばしばクラスでトラブルを起こしてしまうエイコさん。周囲の子ども達とも些細なことでケンカになってしまうことが多いようです。「どうせ私なんか……」と、自分を卑下するような言い方をすることも多く、自己肯定感が低いように見受けられるのも気になっています。

## これは避けたい　NGな対応

＊理由を聞かずに、先生の思い込みで一方的に指導する。
＊問題行動のたびに叱り、子どもの自己肯定感を低下させるような否定的な指導をする。

## こんな対応がGOOD!

### ●エイコさんへの働きかけ

自己肯定感が高いと、望ましい行動がたくさん出てきます。そこで、様々な活動を通して、自己肯定感が高まるようにしましょう。自己肯定感の高さを見積もる方法の1つが、**子どもに「ぼ**

**く／わたしは、いい子です」と言ってくれるよう頼むこと**です。あくまで目安ではありますが、反応の違いで、下表のように分かれるようです。

## 周囲を巻き込む働きかけ

周囲の子どもに、「エイコさんのいいところって、どんなところ？」と、よいところを言ってもらいます。自分の言動を客観的に見ることが苦手なエイコさんは、よさを伝えられてうれしく感じます。また、友達からほめられるのは、先生がほめる以上に効果があるものです。

同時に、ほめることができた周囲の子たちを先生がほめることも大切です。一人ひとりの自己肯定感が高まっていくことで、学級としての集団肯定感が高まっていくことになります。

## 他のこんな場面でも使える

集団肯定感を高めると、学級が安定します。朝会での整列、授業態度、廊下歩行など、さまざまな場面でよい行動が出てきます。「うちのクラスは……」と自慢する言葉が出てくると、集団の肯定感が高まった証拠です。

| | 反応 | 子どもの様子の目安 |
|---|---|---|
| ① | 「やだ！」と拒絶する | 自己肯定感が低く、成功体験が少ない子。トラブルを起こしやすい子に多い。 |
| ② | 「え～、なんでぇ？」と照れる | 自己肯定感が高く、さまざまな面で満たされている子。 |
| ③ | 「ぼく／わたしはいい子です」と当然のように言う | 空気を読むことが苦手な子。周りからどう見られるか、あまり気にならない子。 |

# マイナスの言葉をすぐ口にする子

何事にもマイナスの言葉が聞かれるミナコさん。みんなと仲良くしたそうなのですが、うまく言動で表現できません。進級当初はみんなも「ねえ、ミナコさんも一緒にやろうよ」などと声を掛けてくれていました。しかし何度も「別にやりたくないし」と断る姿がみられます。

## これは避けたい　NGな対応

＊「ほらほら、もっとポジティブにならないと、周りの雰囲気も暗くなるから」

＊「ねえ、一人がそんなこと言ったら、みんなのやる気がなくなっちゃうよ」

## こんな対応がGOOD!

### ●ミナコさんへの働きかけ

ミナコさんは自己肯定感が低く、自分をうまく表現できていないのかもしれません。よく観察して、ミナコさんが笑っていたり、興味を示したりする場面を見て取るようにしましょう。

## 周囲を巻き込む働きかけ

先生がまず、ミナコさんをほめて自信をつけていくことはもちろんですが、ミナコさんによい影響を与えるのが、友達からの「ほめる言葉」です。そこでおすすめなのは、クラスで**「ほめあいタイム」**をすることです。例えば、「一分間という時間を決めて、互いにほめ合いをする」ということです。

いきなりほめ合うことは難しいです。まずは、ほめる言葉探しをして、クラスみんながほめる言葉をたくさん言える状況をつくることが絶対条件です。はじめは少人数のグループ内でほめ合い、徐々に人数を減らし最終的に一対一になるようにしかけていくとよいでしょう。

自己肯定感が低いであろうミナコさんは、初めは、人をほめることができないかもしれません。でも、たった一言でもほめる言葉を友達に言えた時に、先生はクラスみんなの前で価値づけてあげることが大切です。小さな場面を先生が見つけ、みんなで価値づけていく中で、ミナコさんの自己肯定感も高まり、言動もポジティブになっていきます。

## 他のこんな場面でも使える

「さあ、今日は誰が一番おそうじを精一杯取り組めるかな？　同じそうじ場所の人で、すばらしい人を見つけたら、先生に教えてね」などと、すばらしい姿を見つけようとするような声掛けを、普段の生活の中で心がけると、子どもたちがどんどん友達をほめ、認める天才になっていきます。

# トラブルを頻繁に起こしてしまう子

「友達とのトラブルが多い」と、前年度の担任から言われていたリュウジくん。保護者は、トラブルになった相手の家庭を訪問したり、電話をしたりと、何度も謝罪してきました。そんなリュウジくんが、昼休みにボールの取り合いでケンカをし、友達にケガをさせてしまいました。

## これは避けたい　NGな対応

＊「こんなことが続いては困ります。きちんとご家庭で言い聞かせて下さい。相手の親御さんへ謝罪の連絡を入れてくださいね」と、担任が困っている、というメッセージを伝えてしまう。

## こんな対応がGOOD！

### リュウジくんへの働きかけ

ケガをさせてしまったことについて、保護者に状況を説明する電話をかけることになります。その際、リュウジくんの言い分や、結果的にケガをさせてしまったことなど、リュウジくんの立場に寄り添った伝え方をすることで、保護者との信頼関係が強くなります。

リュウジくんに寄り添う魔法の言葉、それは**「リュウジくん、損してしまうことがあるんですよね」**です。「損」という言葉の中には、「悪気はないけど、結果的に悪者になってしまう」というメッセージがつまっています。この言葉に、保護者は心を開いてくれることが多いです。

場合によっては、謝罪の電話をかけていただかねばならず、保護者に大きな心理的負担がかかります。「嫌な電話をかけさせてしまい、申し訳ないのですが……」と付け加えると、「先生は私たちの気持ちをわかってくれている」と感じてもらえ、信頼関係がさらに確かなものになります。

## 周囲を巻き込む働きかけ

一番大切なのが、周囲の子たちに**リュウジくんの負の評価をさせない**ということです。「先生、リュウジくんがまた○○しています」と言ってくるような状況だと、他の子に原因があるのにもかかわらず、リュウジくんのせいにされてしまうことになります。あくまでもクラスの仲間であり、称え合ったり、助け合ったりする関係でなければなりません。

## 他のこんな場面でも使える

「君は損してしまっている」という言葉は、そんなことをするのは君らしくない、私は君を心配しているよ、というメッセージを含んでいるので、つい問題行動をしてしまう子に、自分の行動を変えたいと思ってもらうための言葉掛けとして使えます。

# グループ分けで孤立してしまう子

クラスでグループ分けをすることになりました。34人のクラスなので、5人組が6つ、4人組が1つできます。グループ分けの方法は「好きな者同士」。ところが、いざはじめると、おとなしくマイペースなミキさんが孤立してしまい、2つある4人グループはどちらも知らん顔です。

## これは避けたい　NGな対応

＊「悪いけど、ミキさんを入れてあげてくれる?」と、先生がお願いをして4人組をつくり、それを見ていた周りの子に「ミキさんは友達がいない」というイメージを付けてしまう。

## こんな対応がGOOD!

### ●ミキさんへの働きかけ

「好きな者同士」という方法は、グループ分けでしばしば見られます。しかし、誰も傷つかないようにする、と約束しても、自分のグループだけ作り、あとは困っている友達がいても知らん顔、というケースも見られます。そうしなかったミキさんの行動をほめてあげましょう。

## 周囲を巻き込む働きかけ

まず、学校で学ぶということの意味や、これから取り組む活動の目的について、よく話し合ってみましょう。「友達の輪を広げる」「クラスの仲間で協力する」という視点を大切にします。

グループ分けについては、「自分のグループをつくる」という発想を「決まった人数の組み合わせをつくる」という発想に変えます。そのために**「人数合わせゲーム」**をレクリエーションとして経験することもおすすめです。これは声を掛け合ったり譲り合ったりして、指定の人数の組み合わせをみんなで作るゲームです。そのため、時間内にそれができれば「成功」ですが、自分がグループになった後は知らん顔をする、グループの組みかえを押し付け合うといったことが起きると、「失敗」になります。決して、早くそろったグループが「勝ち」ではないのです。

様々な活動を通し、グループを固定化させない下地を育むことで、どの子も安心してグループ分けに参加できる環境となっていきます。

## 他のこんな場面でも使える

仕事の分担や校庭の場所取りなど、早い者勝ちや強いものの勝ちになりがちな場面でも、声を掛け合い譲り合う態度を育てていくことが、あたたかく居心地のよい学級作りにつながっていきます。

# 周囲から告げ口されてしまう子

行動面でトラブルが多いケイスケくん。周囲から「悪い子」というイメージをつけられてしまっています。何かあれば「先生大変！　ケイスケくんが、○○しています」と、周囲はすぐに伝えてきます。今日は「先生、ケイスケくんが私を蹴ってきました」と、すごい勢いで伝えてきました。

## これは避けたい　NGな対応

＊それに対して「何！　わかった！」と、その子の情報を100%受け止め、すぐに現場に行き、ケイスケくんを指導してしまう。

## こんな対応がGOOD！

### ●ケイスケくんへの働きかけ

「悪い子」というイメージをつけられていることは、ケイスケくん自身も気付いているはずです。「どうせ僕なんか」と思うようになり、周囲は敵ばかりの状態です。ですから、「何か嫌な事があったの？」という第一声が大切です。この第一声が、ケイスケくんにとって敵か味方かを二分する大きな力をもっています。まずは、**教師は常に全員の味方**であることがブレないようにしなくてはなりません。

### 周囲を巻き込む働きかけ

先生が冷静になって、その場面での正しい行動をもう一度考えることが大切です。冷静になるために大切な言葉、「あら、あら」と、つぶやきましょう。この一言で、冷静になりますし、周りの子に対しても、動揺しない姿勢を示すことができます。

その後「先生。ケイスケくんが、蹴ってきました」に対して、「それで？　先生にどうしてほしいの？」と答えます。こう答えると、「え？」と子どもが反応します。先生にケイスケくんの悪いところを伝えることで、先生を味方につけようとしているのかもしれません。「怒ってほしい」と言って来たら、「両方から事情を聞くね」と答え、**どんなときも中立に、事実を見ている**というメッセージを伝えます。それによって、子ども達の中の、よくない関係はなくなってきます。

### 他のこんな場面でも使える

その時の真実は何なのか、冷静かつ中立に検証していくと、その子が周りの子ども達との関係性によって、いつもトラブルの中心になってしまう、というような構図がみえてくる場合があります。それに担任が気付くことで、クラス運営がよい方向に向くことがあります。

# 人のものをとってしまう子

ユキさんの道具箱から、友達の鉛筆が出てきました。友達の筆箱からとっているのを、担任が偶然見ていたのです。それにもかかわらず、そのことをたずねると「知りません」や「これは私の鉛筆です」と言って、決して自分の行為を認めません。

## これは避けたい　NGな対応

＊本人が自分から認めていないのに、「あなたがやったことはいけないことです。それは泥棒です」や「同じことを何回言わせるの！」などと、ユキさんに寄り添うことを一度もせず責めたり、過去のことを持ち出したりして、ユキさん自身を否定する指導を行ってしまう。

## こんな対応がGOOD！

### ●ユキさんへの働きかけ

このケースのように、明らかな証拠があるにもかかわらず自分の行為を認めないのには、必ず理由があります。先生は心理学者でも刑事でもありません。罪を追及したり、認めさせたりしようとする以前に、まずは、**ユキさんと先生自身、ユキさんと友達との間が信頼関係でつながっているか考える**ことも大切です。ユキさんに、「私はあなたを大切に思っている味方です」ということを、教師は言葉と行動で示す必要があります。時間はかかりますが、ユキさんの心に響く指導ができるのは、ユキさんが先生を信頼して、笑顔で話ができるようになってからです。

## 周囲を巻き込む働きかけ

周りの子ども達のユキさんに対する目が批判的になりすぎないよう、事実と想像を整理しておきましょう。ユキさんへのイメージをそれ以上悪くしないためです。

物をとられてしまった子と、その保護者への連絡はもちろん、ユキさんの保護者にも事実を伝えておくことは必要です。しかし、ユキさん一人が悪者になり、責められる状況を回避しなければなりません。ユキさんの代わりに担任が謝罪するくらいの心構えでいることも大切です。

## 他のこんな場面でも使える

他にも、誰かの物や教室の備品が壊されたり、悪口が落書きされたりなどの事件が起こることがあります。誰の仕業か見当もつかないときはなおさら、担任は犯人探しに躍起になりがちです。しかし、大事なのは、してはいけないことの認識をクラス全員が持ち、同じ過ちを二度と繰り返させないことです。クラスの「ピンチ」を、信頼関係構築の「チャンス」に変えるのです。

# 正しさにこだわりすぎる子

ドッジボール中、「ボールを投げた人の足が出ていた」とジロウくんが言いはじめ、言われた子は泣いてしまいました。みんなが「いいよ、次から気をつけて。もう一回投げていいよ」と声を掛けている中、ジロウくんは「ダメだよ、出てたもん」と言い張り、周りともめてしまいました。

## これは避けたい　NGな対応

＊「ジロウくん、みんなのことも考えようよ」「みんなが、よいと言ってることに、一人だけ反対して、雰囲気を悪くするのはよくないよ」などと、ジロウくんの行為を否定してしまう。

## こんな対応がGOOD！

### ジロウくんへの働きかけ

今回のケースは、ジロウくんの言動はルールの面で何一つ間違いはありません。泣いてしまった子に周囲が思いやりを持って接していることが、よくわかっていないだけです。

まずは、「審判としてはいいね」や、「ジロウくんは強いから、ちょっとだけおまけしてあげて」とジロウくんに対して肯定的に認めます。つまりルールを守っていることと同じく、大目に見てあげることを価値づけてあげることです。

## 周囲を巻き込む働きかけ

ジロウくんのように、悪気がなくて、正しいと思って取り組んでいることが、集団の思いと異なる子どもがいます。クラス全員が共通理解しておく必要があるのは、「何のためのドッジボールなのか」ということです。プロの選手の目的とは違い、学級集団として仲間意識を高める関係作りのために行っている場合が多いでしょう。

まずは、周りの友だちがジロウくんを受け入れて、状況やみんなの言動の理由を伝え合える関係を作っていくことが大切です。例えば「確かに線を出ていたけど、わざとじゃないから許してあげようよ」と。そのためには、先生が進んでジロウくんの優れたところを見つけ、集団の前で認めていくよう調整役をしていきましょう。

## 他のこんな場面でも使える

学習の中でも、学校生活の中でも、正しいことは言うけれど、子どもに相手意識がないと感じる場面はよくあります。どんな場面でも、まずはその子の発言を認め、許し合える関係作りをしていきましょう。時にはユーモアを交えて対応できるといいですね。

# 周囲を同調させてしまう子

クラスのリーダー格であるミツキさん。清掃の時間には、友達とほうきで遊びはじめます。先生が指導しても、「いやだ。めんどうくさい」などと言ってやりません。何度指導しても効果がないので、放っておくと、今度は周りの友達も一緒に掃除をしなくなってしまいました。

## これは避けたい　NGな対応

＊力で抑え込み、命令口調で無理やりやらせてしまう。
＊「今やっておかないと、将来……」などと、子どもが今想像できないことを指導したり、逆に「はい、じゃあ、やらなくていいです」と子どもを切り捨てたりしてしまう。

## こんな対応がGOOD！

●ミツキさんへの働きかけ

時には、リーダー格として活躍しているミツキさん。問題は、やる意義と、きっかけと、やった後の達成感です。

「そうじって実は、○○退治なんだよ。さあ、○○にはなんて言葉が入ると思う?」などと、そうじの意味や意義をまず一緒に考える必要があります。

## 周囲を巻き込む働きかけ

そうじの意味や意義がわかったとしても、達成感とは直接にはつながりません。

そこで、お勧めするのが**「ごほうびシール制度」**。例えば、「今日のおそうじ、誰が一番『汚れ退治』をするのかな? 終わった後、雑巾を持って先生に見せて。一番の人には、ごほうびシールをプレゼントします」などと、声を掛けることです。ミツキさんだけでなく、周りの友達も雑巾を片手に「一所懸命」にそうじに取り組むようになります。

また、その時、みんなの前で「ミツキさんは、すごいよ」などと周りの友達にも聞こえるようにほめて価値づけることも効果的です。

## 他のこんな場面でも使える

「ごほうびシール制度」は、どんな場面でも有効です。「すばらしい」とほめるだけでなく、形としても残ります。ほんの小さな努力やがんばりを教師が見つけて価値づけ、ごほうびシールをプレゼントすることで、やる気に満ちた前向きな集団へと変わっていきます。

# 人のいやがることを指令する子

頭の回転が速く、自己主張をしっかりとできるハヅキさん。自分の気に食わないことがあると、近くの友達に指示をして、もめ事を起こします。でも、「私は直接、嫌なことを言ったりしたりしていません。怒られる意味がわかりません」と先生に反論してきます。

## これは避けたい　NGな対応

＊「なんですか、その口のきき方は」と感情的に叱る。

＊「あなたがやるように指示したと、他の人が言っています」と次のもめ事が起きかねない情報を使って指導する。

## こんな対応がGOOD!

### ●ハヅキさんへの働きかけ

指導中に反論してくるのは、**集団の中での満足感が低い**ことが原因の一つかもしれません。

「自分で思うような評価をされていない」「思い通りに物事が進まずイライラしている」などです。

ハヅキさんのように陰で行動をする人は、一方的な指導や直接的な指導、みんなの前での指導は、反発を招きかねません。まずは、事実をどう思うか感想を肯定的に聞く必要があります。「タクヤくんが、ミユキさんをたたいたのだけど、どう思う？」「もし、タクヤくんがハヅキさんを叩いたとするでしょ。しかも、誰かに叩いてきてってお願いされていたとするでしょ。ハヅキさんが、一番許せない人って誰？」などと、相手の立場に立って物事を考えさせることも大切です。明らかにハヅキさんが指示を出していたとしても、その行為を認められず、反論するような関係では、強く出る指導は逆効果を招きます。

**●周囲を巻き込む働きかけ**

問題が起きるたびに、クラスで共通のルールを使って、「何が、どういけないのか」について、クラスみんなで確認する必要があります。その際、具体的すぎる事例で個人が特定されないように配慮しましょう。「みんなはどう思う？」ではなく、「なぜいけないの？」と理由をはっきりさせていく方が、問題は少なくなります。理由は、「誰も笑顔になれないから」などで十分です。

**●他のこんな場面でも使える**

小さな口げんか程度のもめ事もクラスの問題として大切に扱い、クラスのルールを意識して「なぜ？」を追求する習慣をつけていくことが大切です。

# クラスの雰囲気をコントロールしている子

一見落ちついている学級。授業も静かに進むので、今のところ大きな問題はないように感じます。学級で遊ぶ計画を立てていました。話し合いの流れから「ケイドロ」に決まりそうでしたが、ユウキくんの「ドッジボールがいい」の一言で、話し合いの流れが一気に変わってしまいました。

## これは避けたい　NGな対応

＊リーダー格の子に頼り切った学級経営を行う。その結果、リーダーというよりも「支配者」のようになってしまい、いつの間にか担任の指導も入らなくなっていく。

## こんな対応がGOOD！

### ●ユウキくんへの働きかけ

真のリーダーであるかどうかは、遊んでいる様子を観察することでみえてくることがあります。遊びというありのままをさらけ出す場面だからこそ、みえてくるのです。そのために**先生が**

**あえて「一緒に遊ばないこと」**も大切です。

誤解しないでいただきたいのは、「何もしない」ということではありません。例えばクラス全員が校庭で遊ぶことになったとします。その時、校庭全体が見渡せる場所（空き教室や物陰など）に行き、遊んでいる様子を観察します。担任の前ではみせない子どもの表情や、人間関係がよくみえてきます。支配者的なリーダーの姿は、ドッジボールでボールを投げる回数や、ケイドロでタッチされる瞬間の様子などでみえてくるものです。

## 周囲を巻き込む働きかけ

周囲の子たちにとって、支配者的なリーダーの存在は、大人が想像する以上に絶対的なものです。「一緒に遊ばないことの大切さ」について述べましたが、やはり一緒に遊ぶことも大切です。遊びを通して、大人の大きさ、力強さ、素早さなど、子どもとの違いをはっきりと見せることです。言葉で伝えようとしても、ただ威張っているだけに聞こえます。そうかと言って、ただ力をみせつけようとすることはできません。遊びを通してなら、自然な形で大人は頼るべき存在であることを伝えることができます。そこで担任への信頼を築いていくとよいですね。

## 他のこんな場面でも使える

担任との信頼を通じて内面の成長を促すと、ユウキくんのような子は、クラスのよきリーダーに育ってくれるので、いろんな場面で先生にとって頼もしい存在になってくれるでしょう。

# おわりに

「ワイルドな、ユニバーサルデザイン、ＷＩＬＤ　ＵＤを目指したいですね」

本書編著者の阿部先生と初めてお会いし、お話をさせていただいた時のことです。私はこの言葉に心惹かれました。その日のうちに、阿部先生に授業のユニバーサルデザイン研究会湘南支部の顧問になっていただきたいと懇願し、今日までご指導を承ってきました。

共に研究会を重ねる中で、授業のユニバーサルデザイン研究会代表の筑波大学附属小学校桂聖先生と阿部先生には、共通点があることに気が付きました。それは「しかけづくりの天才」であり、「言葉の魔術師」であるという点です。今思えば、初めて阿部先生とお会いした時に、すでに「ＷＩＬＤ　ＵＤ」という言葉の中に、様々な意味を込めておられたのかもしれません。

私は「ワイルド」という言葉から次のようなメッセージを受け取りました。

① 「子どもの姿を、ありのままを受け止めることの大切さ」

「ワイルド」という言葉が直接的に意味するのは、「気になる子」です。どのクラスにもいる、やんちゃな子のありのままの姿を、まずは受容することから始めましょうということです。

②「視点を変えて、子どもの本当の心をみつけることの大切さ」

ＷＩＬＤの「Ｗ」という文字を「１８０度視点を変えて」みます。すると、「Ｍ」になります。「ＷＩＬＤ」ではなく、「ＭＩＬＤ」にみえてきます。

たった一つのボタンのかけ違いを見つけ、支援できるのも教員の特権です。ワイルドな行動をとっているようにみえるその子も、実は「マイルド」な心の持ち主かもしれません。

③「視野を広げて、子どもたちをみることの大切さ」

ワイルドな子たちだけに注目するのではなく、時には周りを含めて視野を「ＷＩＤＥ（ワイド）」にすることです。まさに本書での主張ではないでしょうか。私たち教員が「気になる子」として注目していたその子を、ワイドな視点で見つめ直すと、その周りにいる子たちの刺激により、気になる子が、「ワイルド」に映っていただけかもしれないからです。

私の深読みかもしれませんが、今日の激動の教育界において、「今までの常識だけにとらわれることなく、ほんの少し視点を変えて今の子どもたちをみていく」ことは、とても大切なことかもしれません。

本書にもそのような革新的な提案がなされています。「気になる子」だけに支援をしていればよい時代ではありません。その周りに、「気にしなければいけない子」が存在していることにも注目するべきなのではないでしょうかという点です。

ありがたいことに、UD湘南支部のメンバーも第3章の執筆に参加させていただきました。拙いながらも、各ケースから阿部理論の学校場面での生かし方を読み取って頂ければ幸いです。UD湘南支部は、顧問の阿部先生、そしてUD研代表の桂先生のご指導を今後もいただきながら、日々研鑽を積み重ねていきたいと思います。「すべての子どもたちが笑顔で毎日を過ごす」ことをモットーに、精進して参ります。

最後になりましたが、本書をまとめていただいた、東洋館出版社の大竹裕章様。スピーディーかつ的確に編集していただきました。衷心より感謝申し上げます。

この本が、日本中の子どもたちの「笑顔溢れる日々」の一途になれれば幸いです。

二〇一四年九月

授業のユニバーサルデザイン研究会湘南支部　代表　片岡　寛仁

## 【編著者】


### 阿部利彦

星槎大学共生科学部准教授。埼玉県特別支援教育推進委員会副委員長、星槎大学附属発達支援臨床センター長、授業のユニバーサルデザイン研究会湘南支部顧問。

著書に『クラスで気になる子の支援 ズバッと解決ファイル』『クラスで気になる子の支援 ズバッと解決ファイル NEXT LEVEL』(金子書房)、『見方を変えればうまくいく! 特別支援教育リフレーミング』(中央法規出版)、『新・発達が気になる子のサポート入門 発達障害はオリジナル発達』(学研教育出版)、他多数。


## 【著者】


### 授業のユニバーサルデザイン研究会湘南支部

クラス全員が楽しく「わかる・できる」授業づくりを目指す、授業のユニバーサルデザイン研究会の湘南支部。「すべての子どもたちの笑顔あふれる学級創り」「すべての子どもたちの笑顔あふれる授業創り」がコンセプト。やんちゃな子、配慮を要する子が多くいるワイルドなクラスを念頭に置いた、「ワイルドUD」を中心に取り取り組んでいる。(URL:http://udshounan.jimdo.com)

【執筆】

**第1章・第2章**

阿部利彦

**第3章**

片岡寛仁　授業のユニバーサルデザイン研究会湘南支部 代表　……ケース5・11・18・22・26・27・28・29

上條大志　授業のユニバーサルデザイン研究会湘南支部 副代表　……ケース2・13・17・21・23・25・30

久本卓人　……ケース1・3・6・7・15・16・20・24

岩立裕子　……ケース12・14

小笠原眞希子　……ケース4

岡田真菜美　……ケース8

北村尚人　……ケース9

山下大晃　……ケース10

杉﨑順子　……ケース19

授業の UD Books

**通常学級のユニバーサルデザイン プラン Zero**

——気になる子の「周囲」にアプローチする学級づくり

2014（平成26）年 9 月 13 日　初版第 1 刷発行
2023（令和 5 ）年 10 月 18 日　初版第16刷発行

編著者　阿部利彦
著　者　授業のユニバーサルデザイン研究会湘南支部
発行者　錦織圭之介
発行所　株式会社東洋館出版社
〒101-0054　東京都千代田区神田錦町 2 丁目 9 番 1 号
コンフォール安田ビル 2 階
代　表　　電話　03-6778-4343　FAX　03-5281-8091
営業部　　電話　03-6778-7278　FAX　03-5281-8092
振替　　00180-7-96823
URL　　https://www.toyokan.co.jp
装幀・本文デザイン　中濱健治
イラスト　　オセロ
印刷・製本　藤原印刷株式会社

ISBN 978-4-491-03055-5　　Printed in Japan